BestMasters

Mit **„BestMasters“** zeichnet Springer die besten Masterarbeiten aus, die an renommierten Hochschulen in Deutschland, Österreich und der Schweiz entstanden sind. Die mit Höchstnote ausgezeichneten Arbeiten wurden durch Gutachter zur Veröffentlichung empfohlen und behandeln aktuelle Themen aus unterschiedlichen Fachgebieten der Naturwissenschaften, Psychologie, Technik und Wirtschaftswissenschaften. Die Reihe wendet sich an Praktiker und Wissenschaftler gleichermaßen und soll insbesondere auch Nachwuchswissenschaftlern Orientierung geben.

Springer awards **“BestMasters”** to the best master’s theses which have been completed at renowned Universities in Germany, Austria, and Switzerland. The studies received highest marks and were recommended for publication by supervisors. They address current issues from various fields of research in natural sciences, psychology, technology, and economics. The series addresses practitioners as well as scientists and, in particular, offers guidance for early stage researchers.

Gökce Aydin

Die Signifikanz von (Mit-)Gefühl für die ethische Bildung in der Islamischen Religionspädagogik

Eine Analyse ausgewählter Bildungslehrpläne für den Islamischen Religionsunterricht

Springer VS

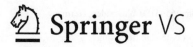

Gökce Aydin
Institut für Islamische Theologie
Universität Osnabrück
Osnabrück, Deutschland

ISSN 2625-3577 ISSN 2625-3615 (electronic)
BestMasters
ISBN 978-3-658-46769-2 ISBN 978-3-658-46770-8 (eBook)
https://doi.org/10.1007/978-3-658-46770-8

Die Deutsche Nationalbibliothek verzeichnet diese Publikation in der Deutschen Nationalbibliografie; detaillierte bibliografische Daten sind im Internet über https://portal.dnb.de abrufbar.

Planung/Lektorat: Daniel Rost
Springer VS ist ein Imprint der eingetragenen Gesellschaft Springer Fachmedien Wiesbaden GmbH und ist ein Teil von Springer Nature.
Die Anschrift der Gesellschaft ist: Abraham-Lincoln-Str. 46, 65189 Wiesbaden, Germany

Vorwort

Mit der vorliegenden Masterarbeit schließe ich ein bedeutendes Kapitel meiner akademischen Reise ab, das nicht nur von der Suche nach Wissen, sondern auch von der Entdeckung meiner inneren Stärke geprägt war.

Diese Arbeit entspringt der tiefen Überzeugung, dass Bildung nicht nur Wissen vermitteln, sondern auch die Entwicklung menschlicher Werte wie Mitgefühl fördern muss – besonders in einer zunehmend pluralen Gesellschaft, in der gegenseitiges Verständnis wichtiger denn je ist.

Diese Überzeugungen haben mich motiviert, Mitgefühl nicht nur als ethisches Prinzip, sondern auch als wichtiges Bildungsziel innerhalb der Islamischen Religionspädagogik zu erforschen. Ich hoffe mit dieser Arbeit einen kleinen, aber wertvollen Beitrag zu einem besseren Verständnis und einer stärkeren Verankerung von Mitgefühl in der Bildung leisten zu können.

An dieser Stelle möchte ich die Gelegenheit nutzen, all jenen meinen tiefen Dank auszusprechen, die mich auf meinem Weg begleitet und unterstützt haben.

Mein besonderer Dank gilt meinem Ehemann, dessen unermüdlicher Beistand, sein Vertrauen und seine emotionale Unterstützung mir auf diesem Weg sehr wertvoll waren.

Ebenso danke ich meinen Eltern, die mich während meines gesamten akademischen Werdegangs stets ermutigt und unterstützt haben.

Mein aufrichtiger Dank gilt auch meinen Betreuern, die mich mit ihrem fachlichen Rat und ihrer konstruktiven Kritik begleitet haben.

Schließlich danke ich der Māturīdī-Studienförderung für die finanzielle und ideelle Unterstützung meines Masterstudiums.

Gökce Aydin

Zusammenfassung

Entwicklungspsychologische Studien zeigen, dass moralische Gefühle wie das Mitgefühl für die Entwicklung einer ethischen Urteils- und Handlungsfähigkeit einen wichtigen Beitrag leisten. Ein grundlegender Ansatzpunkt ist die theologische Betrachtung von Mitgefühl, welches auf den Tugenden der Barmherzigkeit und Liebe basiert. Diese zeigen, dass der Mensch aufgrund seiner religiös fundierten ontologischen Natur dazu befähigt ist, Mitgefühl als eine Gabe Gottes zu verstehen und als religiösen Auftrag im Umgang mit Mitmenschen und der Schöpfung einzusetzen. Somit ist die Förderung von Mitgefühl im Religionsunterricht sowohl bildungspolitisch als auch theologisch von großer Bedeutung. Für die Unterrichtsgestaltung ist das didaktische Prinzip der Subjektorientierung sowie eine pädagogische Haltung der Wertschätzung entscheidend. Verschiedene Lehrmethoden wie das narrative Lernen bieten wichtige Ansätze für den Unterricht.

Schlüsselbegriffe: Islamischer Religionsunterricht · Ethische Bildung · Moralische Gefühle · Mitgefühl · Urteilsfähigkeit · Handlungsfähigkeit · Barmherzigkeit · Liebe · Subjektorientierung · Wertschätzung · Narratives Lernen

Organisatorische Hinweise

Jegliche Übersetzungen aus dem Koran stammen aus der Übersetzung von Harald Bobzin, sofern nicht anders vermerkt[1]. Arabische Begriffe werden mit der Umschrift der Deutschen Morgenländischen Gesellschaft angegeben. Hiervon sind jedoch Zitate aus den ausgewählten Lehrplänen der Analyse ausgenommen, da die in den Lehrplänen verwendete Umschrift beibehalten wurde. Die aufgeführten Datierungen erfolgen in dieser Masterarbeit gemäß dem Gregorianischen Kalender, um das Verständnis für die Interpretation der zeitlichen Angaben zu erleichtern.

[1] Hartmut Bobzin, *Der Koran*, München [3]2019.

Inhaltsverzeichnis

1 Einleitung ... 1
1.1 Forschungsstand ... 3
1.2 Problemstellung ... 5
1.3 Ziel und Fragestellung der Arbeit ... 6
1.4 Methodik und Darlegung der Analyseschritte ... 6

2 Religiöse Bildung als Beitrag zur Werte-Bildung ... 9
2.1 Religiöse Bildung ... 9
2.2 Ethische Bildung: begriffliche Konkretisierung ... 13
2.3 Ethische Bildung in der Islamischen Denktradition ... 15
2.3.1 Historische Einordnung ... 15
2.3.2 Ethik – *aḫlāq*: begriffliche Klärung ... 17
2.4 Ethische Bildung im schulischen Islamischen Religionsunterricht ... 18
2.4.1 Zum Verhältnis von religiöser und ethischer Bildung in der Islamischen Religionspädagogik ... 19
2.4.2 Perspektiven für den Islamischen Religionsunterricht ... 21

3 Zur emotionalen Dimension der ethischen Bildung ... 25
3.1 Die kognitiv-strukturalistischen Ansätze von Piaget und Kohlberg ... 26
3.2 Emotionale Moralentwicklung ... 31
3.2.1 Gefühl, Emotion oder Affekte? Begriffliche Annäherung ... 31
3.2.2 Moralische Gefühle ... 32
3.2.3 Zur Entwicklung moralischer Gefühle ... 36
3.3 Impulse für den Religionsunterricht ... 38

4 Mitgefühl 41
4.1 Mitgefühl: Begriffsbestimmung und Einordnung 42
4.1.1 Mitgefühl in Abgrenzung von Mitleid: begriffsgeschichtliche Entwicklung 43
4.1.2 Zum Verhältnis von Mitgefühl und Empathie 47
4.2 Der Beitrag von Mitgefühl zu ethischem Verhalten 50
4.3 Modelle zur Erklärung der Ontogenese von Mitgefühl 53
4.4 Religionspädagogische Konsequenz: Förderung emotionaler Kompetenzen 56

5 Islamisch-theologische Perspektiven des Mitgefühls im Kontext ethischer Bildung 61
5.1 Die theologische Tugend der Barmherzigkeit (*raḥma*) 62
5.1.1 Die Etymologie von Barmherzigkeit 62
5.1.2 Barmherzigkeit als Tugend in den muslimischen Quellen 65
5.2 Zur theologischen Tugend der (Menschen-)Liebe (*muḥabba*) 68
5.3 Zum theologischen Prinzip der Solidarität und Unterstützung 72
5.4 Zur Verantwortungsmündigkeit 76
5.5 Zwischenbilanz: Zum Stellenwert des Mitgefühls in der Islamischen Religion 77

6 Religionspädagogische Perspektiven zur Förderung von Mitgefühl 81
6.1 Subjektorientierung und Wertschätzung 81
6.2 Zur Rolle der Lehrkraft 83
6.3 Religionsdidaktische Lernanlässe 84
6.3.1 Modell-Lernen (Lernen an Vorbildern) 86
6.3.2 Lernen an Narrationen 87
6.3.3 Lernen mit Moralischen Dilemmata 89

7 Eine Analyse der Bildungslehrpläne für den Islamischen Religionsunterricht im Hinblick auf die Förderung von Mitgefühl 91
7.1 Bildungslehrpläne für das Fach Islamische Religion 91
7.1.1 Das Kerncurriculum Islamische Religion für die Schulformen des Sekundarbereichs I in Niedersachsen 92

7.1.2 Der Kernlehrplan Islamischer Religionsunterricht für die Sekundarstufe I in Nordrhein-Westfalen 94
7.1.3 Darlegung der Analyseschritte des geplanten Vorhabens 95
7.2 Zur Verankerung von Mitgefühl im Kerncurriculum Niedersachsen 102
7.2.1 Prozessbezogene Aktivitäten im Kontext ethischer Bildung 102
7.2.2 Die Inhaltliche Förderung von Mitgefühl 104
7.2.3 Lebensweltbezug 108
7.2.4 Didaktisch-methodische Hinweise 109
7.3 Zur Verankerung von Mitgefühl im Kernlehrplan Nordrhein-Westfalen 110
7.3.1 Prozessbezogene Aktivitäten im Kontext ethischer Bildung 110
7.3.2 Die Inhaltliche Förderung von Mitgefühl 112
7.3.3 Lebensweltbezug 114
7.3.4 Didaktisch-methodische Hinweise 115
7.4 Zusammenfassung und Reflexion der Ergebnisse 116

8 Schlussbetrachtung und Ausblick 119

Literaturverzeichnis 125

Abkürzungsverzeichnis

Bpb	Bundeszentrale für politische Bildung
HN	Hadithnummer
i. d. R.	In der Regel
JRP	Jahrbuch der Religionspädagogik
MthZ	Münchener Theologische Zeitschrift
NG FH	Neue Gesellschaft Frankfurter Hefte
TDV	Türkiye Diyanet Vakfi Islam Ansiklopedisi
Tre	Theologische Realenzyklopädie
u. a.	Und andere
WireLex	Das wissenschaftlich-religionspädagogische Lexikon im Internet

Abbildungsverzeichnis

Abb. 4.1 Die Beziehung zwischen Empathie und Mitgefühl 49
Abb. 4.2 Religion als Motivation für Mitgefühl und Altruismus 53
Abb. 5.1 Der Zusammenhang von Emotionen und gesellschaftlichem Wohlergehen 74
Abb. 5.2 Die theologische Verortung von Mitgefühl 78
Abb. 7.1 Verbindung von Emotionaler Kompetenz und Wertebildungsprozessen 118
Abb. 8.1 Mitgefühl in Korrelation mit exemplarischen Lernanlässen und zugehörigen Kompetenzen im Islamischen Religionsunterricht 121

Tabellenverzeichnis

Tab. 4.1 Gegenüberstellung von Mitgefühl und Mitleid 46
Tab. 7.1 Klassifikation affektiver Lernziele nach Krathwohl und Kollegen 98
Tab. 7.2 Kategorien zur Bestimmung der inhaltlichen Förderung von Mitgefühl 100
Tab. 7.3 Zuordnung affektiver Lernziele (Kerncurriculum) 102
Tab. 7.4 Zuordnung der inhaltsbezogenen Kompetenzen zu den Kategorien (Kerncurriculum) 105
Tab. 7.5 Zuordnung affektiver Lernziele (Kernlehrplan) 110
Tab. 7.6 Zuordnung der inhaltsfeldbezogenen Kompetenzen zu den Kategorien (Kernlehrplan) 112

1 Einleitung

„Und das ist Lernen:
Ganz plötzlich begreifst du etwas,
das du schon immer begriffen hast,
auf ganz neue Art und Weise."

(Doris Lessing)

Der Diskurs zur Frage nach dem pädagogischen Bezug von Gefühlen im Bildungsprozess ist durch eine Zweiteilung geprägt. Mit Bezug auf die Denker der klassischen Bildungstheorie, wie bspw. Friedrich Schiller (gest. 1759) oder Wilhelm von Humboldt (gest. 1835) hat die „Bildung des Gemüths" oder „Bildung des Herzens" für den menschlichen Bildungsprozess eine elementare Bedeutung.[1] Ausgehend von einem ganzheitlichen Menschenbild am Beispiel des pädagogischen Leitsatzes von Johann Heinrich Pestalozzis[2] (gest. 1827) wird die Bildung erst im Zusammenspiel von *„Kopf, Herz und Hand"*[3] beschrieben. Diese Maxime impliziert, das Lernen nicht nur auf die kognitive Dimension zu beschränken ist, sondern alle Grunddimensionen menschlicher Interessen und Fähigkeiten, wie die

[1] Ute Frevert u.a, *„Bildung der Gefühle"*, in: ZfE (15) (2012), S. 2.

[2] Johann Heinrich Pestalozzi (1746–1827) gilt als ein Klassiker der Pädagogik, dessen Maxime Lernen mit „Kopf, Herz und Hand" die Unterrichtspraxis und Bildungspläne nachhaltig geprägt hat.

[3] Arthur Brühlemeier, *„Grundgedanken. Erziehung/Bildung"*, in: *Heinrich Pestalozzi*, URL: https://www.heinrich-pestalozzi.de/grundgedanken/erziehung-bildung (letzter Zugriff am 20.05.2023).

G. Aydin, *Die Signifikanz von (Mit-)Gefühl für die ethische Bildung in der Islamischen Religionspädagogik*, BestMasters,
https://doi.org/10.1007/978-3-658-46770-8_1

emotionale und praktische Disposition, berücksichtigt.[4] Diese Vorstellung von Lehren und Lernen ist kein neues Phänomen – und hat sich insbesondere durch die reformpädagogische Bewegung in den Bildungseinrichtungen etabliert, weil sie als grundlegend für die ganzheitliche und individuelle Bildung betrachtet wird.

Andererseits fällt jedoch eine einseitige kognitiv-rationale Auffassung von Bildungsprozessen auf, in der Bildung primär als die Förderung der menschlichen Vernunft verstanden wird, die der „Bändigung von Trieben" und „der Kalmierung und Sublimierung von Gefühlen" dienen, also der Emotionalität entgegenwirken soll, da diese mit Irrationalität gleichgesetzt wird.[5] Ein solches Bildungsverständnis, in dem das Primat der Kognition dominiert, scheint vor allem durch den ‚Leib-Seele-Dualismus' von René Descartes (gest. 1596) geprägt zu sein, in dem eine strikte Trennung zwischen dem ‚denkenden Geist' und ‚nichtdenkenden Körper' postuliert wird, sodass die Gefühle als hinderlich für den Bildungsprozess betrachtet werden.[6] Diesem Postulat des Leib-Seele-Dualismus widersprechen die Arbeiten von António R. Damásio, der in neuropsychologischer Perspektive zu zeigen versucht, dass „Gefühl und Empfindung nebst den verborgenen physiologischen Mechanismen, die ihnen zugrunde liegen, [...] uns bei der einschüchternden Aufgabe [helfen], eine ungewisse Zukunft vorherzusagen und unser Handeln entsprechend zu planen."[7] Damit zeigt Damásio die besondere Stellung der Gefühle und Empfindungen in den Entscheidungsprozessen, indem er dessen Einfluss auf die Vernunftprozesse und das moralische und soziale Verhalten begründet.[8] Entgegen dem descartesschen Menschenbild von „Cogito ergo sum" („ich denke, also bin ich") führt er ein „Senseo ergo sum" („ich fühle, also bin ich") an und stellt die Gefühle und Emotionen als Grundvoraussetzung für das menschliche Bewusstsein dar, durch die der Mensch sein Leben sinnvoll

[4] Wolfgang Klafki, *Neue Studien zur Bildungstheorie und Didaktik. Zeitgemäße Allgemeinbildung und kritisch-onstruktive Didaktik*, 6. Neu ausgestattete Aufl., Weinheim 2007, S. 54.

[5] Vgl. Wiltrud Giesecke, *Lebenslanges Lernen und Emotionen. Wirkungen von Emotionen auf Bildungsprozesse aus beziehungstheoretischer Perspektive*, 3. überarb. Aufl., Bielefeld 2016, S. 30.

[6] Vgl. Michaela Gläser-Zikuda/Florian Hofman, „*Emotionen in Schule und Unterricht aus pädagogischer Sicht*", in: Michaela Gläser-Zikuda / Florian Hofmann / Volker Frederking (Hg.), *Emotionen im Unterricht. Psychologische, pädagogische und fachdidaktische Perspektiven*, Stuttgart 2022, S. 19.

[7] Annette Schnabel, „*Antonio Damasio. Descartes' Irrtum*", in: Konstanze Senge / Rainer Schützeichel (Hg.), *Hauptwerke der Emotionssoziologie*, Wiesbaden 2013, S. 80.

[8] Ebd. S. 80–83.; António R. Damásio, *Descartes Irrtum. Fühlen, Denken und das menschliche Gehirn*, München/Leipzig ^{2}1996, S. 326 f.;

gestalten kann.[9] Diese These illustriert er mit Fallbeispielen, in denen Menschen mit bestimmten Hirnschädigungen im Gefühlszentrum nicht mehr in der Lage sind, angemessene Entscheidungen zu treffen, trotz kognitiver Fähigkeiten.[10]

In verschiedenen Disziplinen führen diese Erkenntnisse zur Diskussion über den Stellenwerkt der Gefühle bzw. Emotionen, sodass auch im Bildungskontext Studien entstanden sind, die die Entwicklung und Förderung von Gefühlen sowohl aus pädagogischer als auch fachdidaktischer Perspektive analysieren.[11] Ein Blick in die religionspädagogische Literatur verrät, dass dezidiert auf die Rolle von Gefühlen für den ethischen Bildungsprozess hingewiesen wird. Insbesondere bei dem Phänomen Mitgefühl wird die Interdependenz zwischen Emotion und ethischem Handeln ersichtlich.[12]

1.1 Forschungsstand

Seit Mitte der 1990er-Jahre hat sich in der (Christlichen) Religionspädagogik ein Paradigmenwechsel vollzogen, sodass Autoren sich zunehmend der Frage nach der emotionalen Dimension der Wertebildung widmen. Maria v. Salisch führt die populärwissenschaftliche Ratgeberliteratur „Emotionale Intelligenz“ von Daniel Golemann (1995) an, die dazu beitrug, dass der wissenschaftstheoretische Diskurs zur emotionalen Kompetenz angeregt wurde.[13]

Die Habilitationsschrift von Elisabeth Naurath lenkt Aufmerksamkeit auf das Phänomen von Mitgefühl für die ethische Bildung in der Religionspädagogik. Die Ergebnisse ihres Werkes (Naurath 2010) stellen die Relevanz von Gefühlen und Emotionen, insbesondere von Mitgefühl für ethische Handlungen in den Vordergrund. Neben entwicklungspsychologischen Erklärungen des Begriffes Mitgefühl erfolgt eine christlich-theologische Grundlegung von Mitgefühl,

[9] Vgl. António R. Damásio, *Ich fühle, also bin ich. Die Entschlüsselung des Bewusstseins*, Berlin ^{8}2009, S. 70–74.

[10] Konstanze Senge, „*Die Wiederentdeckung der Gefühle. Zur Einleitung*“, in: Konstanze Senge / Rainer Schützeichel (Hg.), *Hauptwerke der Emotionssoziologie*, Wiesbaden 2013, S. 22.

[11] Hierzu zählt bspw.: Michaela Gläser-Zikuda / Florian Hofmann / Volker Frederking (Hg.), *Emotionen im Unterricht. Psychologische, pädagogische und fachdidaktische Perspektiven*, Stuttgart 2022.

[12] Vgl. Elisabeth Naurath, *Mit Gefühl gegen Gewalt. Mitgefühl als Schlüssel ethischer Bildung in der Religionspädagogik*, Neukirchen ^{3}2010, S. 158.

[13] Maria v. Salisch, *Emotionale Kompetenz entwickeln. Grundlagen in Kindheit und Jugend*, Stuttgart 2002.

was sie vor allem mit den theologischen Prinzipien Barmherzigkeit und Nächstenliebe begründet. Das empathische Mitgefühl wird auf der Handlungsebene als Grundlage für prosoziales Verhalten und Altruismus sowie als Möglichkeit zur Förderung der Wahrnehmungs- und Sozialkompetenz gesehen. Insgesamt stellt Naurath begründet dar, wie Mitgefühl eine Brückenfunktion zwischen ethischer und religiöser Bildung erfüllt.[14]

Nicht weniger entscheidend ist des Weiteren die Publikation der evangelischen Theologin bzw. Religionspädagogin Caroline Teschmer, die aufbauend auf Nauraths Thesen einen elementarpädagogischen Entwurf erarbeitet hat. Dabei fokussiert sie in ihrer Arbeit (2014) die frühkindliche Entwicklung. Im Mitgefühl sieht sie die Chance für ein subjekt- und bildungsorientiertes Konzept, um mitfühlendes Verhalten als Fundament emotionaler und prosozialer Entwicklung zu fördern. Lehrerinnen und Lehrer müssten daher für eine Auseinandersetzung mit dem Phänomen Mitgefühl sensibilisiert sein, um relevante emotionale Kompetenzen professionell vermitteln zu können.[15]

Des Weiteren führt Konstantin Lindner (2016) – wenn auch nur kursorisch – verschiedene Ansätze an, die das Primat der Kognition in bisherigen religionspädagogischen Untersuchungen kritisieren und die Notwendigkeit einer Neuorientierung betonen:

> Aufgrund der kognitivistischen Fundierung [...] der Diskurstheorie tut sich an dieser Stelle ex negativo eine weitere Notwendigkeit auf: Wertebildung kann nicht auf Kommunikation und Kognition begrenzt bleiben. Sie bedarf weiterer Dimensionen – z. B. des Fühlens oder des Agierens.[16]

Einen islamisch-theologischen Einblick in das Phänomen Mitgefühl im deutschsprachigen Raum ermöglicht Tuba Işık, indem sie die Tragweite der tugendethischen Entwicklung als Selbstkultivierungskonzept hervorhebt und dieses dem Kompetenzbegriff vorzieht. Insgesamt bezeichnet sie Mitgefühl als eine von vier

---

[14] Elisabeth Naurath, *Mit Gefühl gegen Gewalt. Mitgefühl als Schlüssel ethischer Bildung in der Religionspädagogik*, Neukirchen ^{3}2010.

[15] Vgl. Caroline Teschmer, *Mitgefühl als Weg zur Werte-Bildung. Elementarpädagogische Forschung zur Beziehungsfähigkeit als emotional-soziale Kompetenzentwicklung im Kontext religiöser Bildungsprozesse*, Göttingen 2014, S. 419 ff.

[16] Konstantin Lindner, *Wertebildung im Religionsunterricht. Grundlagen, Herausforderungen und Perspektiven*, Freiburg i. Br. 2017. S. 93.

möglichen Tugenden, die für die tugendethische Entwicklung von Kindern und Jugendlichen – insbesondere im Schulkontext – entscheidend sind.[17]

1.2 Problemstellung

In der Islamischen Religionspädagogik stellt die Erforschung der Schnittstelle zwischen dieser und der Ethik einen wenig erforschten Bereich dar. Fragen wie nach den Möglichkeiten des Erwerbs ethischen Bewusstseins im Islamischen Religionsunterricht, der Förderung von ethischer Urteils- und Handlungsfähigkeit sowie nach dessen didaktisch-methodischen Arrangements stellen einen wichtigen Forschungsbedarf dar und sind in den wissenschaftlichen Diskurs eingebettet.[18] Mit Hanns M. Trautner gesprochen stellen Kognition, Affekte (auch Gefühle) und Verhalten drei Komponenten der Moralentwicklung dar, welche zusammenhängen und sich gegenseitig bedingen.[19] Allerdings hat die religionspädagogische Forschung bisweilen dezidiert den Zusammenhang von Kognition (Urteil) und Verhalten untersucht, die emotionale Komponente hingegen vergleichsweise vernachlässigt.[20] Die Ergebnisse des aufgeführten Forschungsstandes zeichnen sich dementsprechend als wichtige wissenschaftliche Erkenntnisse aus, mit der die Funktion von Gefühle, respektive des Mitgefühls für den Religionsunterricht reflektiert wird. Angesichts seiner fachdidaktischen Spezifizierung steht auch die Islamische Religionspädagogik vor der Herausforderung, die Funktion von Gefühlen im ethisch dimensionierten Religionsunterricht so zu berücksichtigen, dass sowohl theologische als auch fachdidaktische und bildungstheoretische Anforderungen erfüllt werden können. Deswegen wird es als ein zentrales Desiderat der Islamischen Religionspädagogik gesehen, eine wissenschaftliche Auseinandersetzung mit der Verortung von Gefühlen in religionspädagogischer Perspektive zu leisten.

---

[17] Vgl. Tuba Işık, *Die tugendethische Kultivierung des Selbst. Impulse aus der Islamischen Bildungstradition*, in: Karimi, Ahmad Milad (Hrsg.), falsafa. Horizonte islamischer Religionsphilosophie, Bd. 5, Baden-Baden 2022.

[18] Tuba Işık / Naciye Kamcılı-Yıldız (Hg.), *Islamische Religionsdidaktik. Ein Leitfaden für Unterricht und Studium*, Paderborn 2023.

[19] Hanns Martin Trautner, *Lehrbuch der Entwicklungspsychologie*, Bd. 2, Göttingen u. a. ^{2}1997, S. 469.

[20] Vgl. ebd.

1.3 Ziel und Fragestellung der Arbeit

Unter besonderer Beachtung der bereits vorgestellten Problemstellung besteht das Ziel der vorliegenden Masterarbeit darin, die Signifikanz von Gefühlen unter besonderer Beachtung des Phänomens Mitgefühl für die ethische Bildung im Kontext des Islamischen Religionsunterrichts zu beleuchten. Diesbezüglich stellen sich die folgenden zentralen Fragen:

- Wie lässt sich das empathische Mitgefühl islamisch-theologisch verorten?
- Inwiefern sind diese Prinzipien förderlich für die ethische Bildung in der Islamischen Religionspädagogik?
- Welche religionspädagogischen und -didaktischen Grundlagen sind erforderlich, um die Förderung der ethischen Bildung mittels von Gefühlen bzw. Mitgefühl zu ermöglichen?
- Inwieweit bieten die Kerncurricula bzw. die Bildungslehrpläne des Islamischen Religionsunterrichts eine Grundlage für die besondere Beachtung der Gefühle bzw. Mitgefühl bei der unterrichtlichen Umsetzung ethischer Bildung?

Mit einem interdisziplinären Ansatz wird in der vorliegenden Arbeit versucht, das Phänomen Mitgefühl in der Islamischen Religiopädagogik zu verorten, um darauf basierend Perspektiven für den Islamischen Religionsunterricht aufzuzeigen. Da der Diskurs für eine ganzheitliche religiöse Bildung im Schulkontext und speziell in der Islamischen Religionspädagogik erst eröffnet wurde, wird erhofft, damit einen Beitrag zur Fachdidaktik zu leisten.

1.4 Methodik und Darlegung der Analyseschritte

Die vorliegende Masterarbeit leistet eine Analyse der fachdidaktischen Literatur mit einem interdisziplinären Ansatz. Neben religionspädagogischen Forschungsergebnissen bilden psychologische, (christlich-)theologische und philosophische Erkenntnisse die Grundlage für eine sachgemäße und verständliche Herleitung des Phänomens Mitgefühl in der Islamischen Theologie, auf dessen Basis eine religionspädagogische Perspektive für den Islamischen Religionsunterricht formuliert werden kann.

Die Arbeit versucht im zweiten Kapitel eine Grundlage für das Verständnis der religiösen Bildung im Kontext ethischer Bildung zu schaffen. Das dritte Kapitel widmet sich einer Zusammenstellung der Theorien in sowohl kognitiv-strukturalistischer als auch einer Emotionen berücksichtigenden Perspektive.

Anschließend erfolgt im vierten Kapitel eine emotionspsychologische Grundlegung des Phänomens Mitgefühl, in der es von weiteren Phänomenen wie Mitleid und Empathie abgegrenzt wird und seine besondere Stellung im Hinblick auf das ethische Verhalten herauskristallisiert wird. Dies schafft eine Grundlage dafür, um im nächsten, also im fünften Kapitel eine theologische Verortung von Mitgefühl vorzunehmen und darauf basierend im sechsten Kapitel religionspädagogische Perspektiven zu formulieren.

Nach der Darstellung der Signifikanz von Mitgefühl für den Islamischen Religionsunterricht erfolgt eine exemplarische Lehrplananalyse an zwei ausgewählten Lehrplänen (auch Curricula). Diese Analyse erfolgt auf Basis der bereits erarbeiteten Erkenntnisse und soll eine erste Standortbestimmung ermöglichen. Damit zielt die vorliegende Arbeit auf die Entwicklung eines islamisch-theologischen Entwurfs für die ethische Bildung ab. Diese kann sich allerdings nur in einer multiperspektivischen Betrachtung als stringent erweisen.

2 Religiöse Bildung als Beitrag zur Werte-Bildung

Die folgenden Ausführungen widmen sich der Frage nach der Relevanz ethischer Bildungsprozesse für den Kontext der religiösen Bildung. Für ein grundlegendes Verständnis wird zunächst die islamisch-religiöse Bildung charakterisiert (Abschn. 2.1.), um im weiteren Verlauf diese in Beziehung zur ethischen Bildung zu setzen. Darüber hinaus wird zunächst die Bedeutung zentraler Begriffe wie Ethik, Moral und Werte begriffsgeschichtlich erläutert, die für das Verständnis ethischer Bildung grundlegend sind. Anschließend bildet ein historischer Überblick über die ethische Bildung in der Islamischen Bildungstradition das nächste Kapitel (Abschn. 2.2.), wodurch die Signifikanz ethischer Themen in religiösen Angelegenheiten besser zu verstehen ist. Vor allem wird in wichtige Autoritäten eingeführt sowie die islamisch-philosophische Disziplin des *ʿilm al-aḫlāq* (Wissen über die Charaktereigenschaften) vorgestellt, welche als Äquivalenz zur ethischen Bildung steht. Dies schafft die Grundlage für die Thematisierung ethischer Bildung im gegenwärtigen Bildungsverständnis vor dem Hintergrund der Frage, ob und inwiefern ethische Bildung im (Islamischen) Religionsunterricht realisiert werden kann sowie welche Möglichkeiten und Herausforderungen sich daraus ergeben (Abschn. 2.3.).

2.1 Religiöse Bildung

Ziel des Islamischen Religionsunterrichts ist es, Schülerinnen und Schüler religiöse Bildung zu ermöglichen. Im Gegensatz zum Terminus Erziehung impliziert der Bildungsbegriff „das lebenslange ‚sich-selbstbilden' des Menschen in der Begegnung mit der Welt. In diesem Prozess verändern sich beide: das Subjekt

G. Aydin, *Die Signifikanz von (Mit-)Gefühl für die ethische Bildung in der Islamischen Religionspädagogik*, BestMasters,
https://doi.org/10.1007/978-3-658-46770-8_2

und die Welt."[1] Sie ist demnach als ein Prozess zu verstehen, welcher von den Subjekten (Schülerinnen und Schüler) selbst ausgeht und *„auf die Konstitution einer verantwortungsbewussten Persönlichkeit abzielt."*[2]

Bei der Klärung des Begriffes „religiöse Bildung" scheint eine Verständigung allerdings schwieriger zu sein, da jede Religion eine eigene Vorstellung von Bildung aufweist, sowie auch innerhalb einer Religion differenzierte Sichtweisen verfügbar sind.[3] Mit Abdel-Rahman gesprochen ist es daher notwendig zu nachvollziehen, welches Verständnis von Religion, Bildung und Wissen in islamischer Perspektive gegeben ist, aus dem erst die spezifische Ausrichtung des Religionsunterrichtes abgeleitet werden kann.[4] In den Ausführungen der Autorin wird deutlich, dass der Bildung eine unübertroffene Bedeutung beigemessen wird, die zusammen mit Wissen und Religion ein Ganzes ergibt. Der Koran und die prophetischen Überlieferungen fungieren als wichtigste Quellen, die nicht nur inhaltliches Wissen, sondern auch Methoden der Wissensaneignung vermitteln:[5]

> Religiöse Bildung im Islam bedeutet demnach, sich Kenntnis anzueignen von dem, was Gott den Menschen mitteilt, dieses Wissen mit einer reflexiven und gottergebenen inneren Haltung zu verbinden und in rituelle und ethische Verhaltensweisen und Handlungen für sich, die Gemeinschaft und die Umwelt umzusetzen mit dem Ziel der lebenslangen Entwicklung zum al- insān al-kāmil, dem vollkommenen Menschen.[6]

Auf Arabisch gibt es vielfältige Begriffe, die Wissen ausdrücken, allerdings mit unterschiedlichen Akzentuierungen. Dabei wird *ʿilm* als die höchste Form von Wissen bezeichnet, welches neben weltlichem Wissen auch die Erkenntnis des göttlichen Willens beschreibt und sowohl auf sachliche als auch emotionale Inhalte zurückzuführen ist. Daneben beschreibt *maʿrifa* jenes Wissen, welches durch Erfahrung und Reflexion erworben wird.[7]

---

[1] Vgl. Abdel-Rahman, Annett, *Kompetenzorientierung im islamischen Religionsunterricht. Eine Analyse ausgewählter Curricula als Beitrag zur Fachdidaktik des islamischen Religionsunterrichts*, in: Ucar, Bülent/ Ceylan, Rauf (Hg.): *Reihe für Osnabrücker Islamstudien*, Bd. 43, Berlin 2022, S. 198 f.; Schelander, Robert, *„Bildung"*, in: Schimmel, Alexander / Burkard, Porzelt (Hg.), *Strukturbegriffe der Religionspädagogik. Festgabe für Werner Simon zum 65. Geburtstag*, Bad Heilbrunn 2015, S. 65.

[2] Vgl. Abdel-Rahman, *Kompetenzorientierung*, S. 199.

[3] Vgl. Ebd. S. 198 f.

[4] Ebd.

[5] Ebd. S. 200 f.

[6] Ebd. S. 205.

[7] Vgl. ebd. S. 202.

Dieses Wissen beschreibt aus islamisch-theologischer Perspektive „die Fähigkeit, Glaube und Handeln miteinander zu verbinden. Dabei steht das ‚richtige Tun' im Hinblick auf das Wissen um religiöse Rituale im Einklang mit dem entsprechenden ethischen Handeln bezogen auf Gesellschaft und Individuum".[8] Damit bildet für das Leben der Muslime nicht nur die kognitiv angeeigneten religiösen Inhalte das Wissen ab, sondern auch die mit ihr verbundenen emotionale Dimension sowie die daraus resultierende Handlungsdisposition.

Obwohl die islamischen Bildungseinrichtungen, *madrasas*, eine große Bedeutung bei der Vermittlung religiösen Wissens wahrnehmen, ist aufgrund der begrenzten thematischen Ausrichtung vorliegender Arbeit eine ausführliche Darstellung der historischen und strukturellen Entwicklung dieser Einrichtungen nicht möglich. Stattdessen wird sich auf die religiöse Bildung im schulischen islamischen Religionsunterricht konzentriert, welcher das Verständnis gegenwärtiger religiöser Bildung abbildet.

Da der Religionsunterricht in den Lebensraum Schule eingebettet ist, orientiert er sich an den Werten des Grundgesetzes.[9] Dabei fällt auf, dass die islamische religiöse Bildung, ähnlich wie die christliche religiöse Bildung, nicht primär auf die inhaltliche Weitergabe von religiösen Traditionen abzielt. Stattdessen sollen Lernende als Subjekte ihres Lern-und Entwicklungsprozesses befähigt werden, Inhalte selbstbegründet zu erschließen.[10] Dieses Korrespondieren mit der Subjektrezeption der christlichen Theologie wird von Harry H. Behr als Ergebnis eines lokalen und europäischen Kontextes gedeutet.[11] Demnach versteht sich das Individuum auch in der Islamischen Religionspädagogik als „ein rationales sowie auch emotionales, mit Würde ausgestattetes, freies und mündiges Subjekt [...], das eine Individualität genießt und selbstbestimmt und autonom handelt."[12] Entsprechend dieser Anthropologieauffassung ist die islamisch-religiöse Bildung an den Schulen subjektorientiert gestaltet. Am Kerncurriculum in Niedersachsen lässt sich das folgendermaßen exemplifizieren:

---

[8] Niedersächsisches Kultusministerium, *Kerncurriculum für die Schulformen des Sekundarbereichs I. Schuljahrgänge 5–10. Islamische Religion*, Hannover 2014, S. 6.

[9] Ebd. S. 5.

[10] Vgl. Lindner, *Wertebildung im Religionsunterricht*, S. 251.

[11] Vgl. Fatima Çaviş, *Den Koran verstehen lernen. Perspektiven für die hermeneutisch-theologische Grundlegung einer subjektorientierten und kontextorientierten Korandidaktik*, Paderborn 2021, S. 38.

[12] Ebd.

> Ziel des Islamischen Religionsunterricht ist es folglich, das Subjekt dazu zu befähigen, sich zur Religion im Allgemeinen und zum Islam im Besonderen zu positionieren. Es geht weder um die Vermittlung von ‚Religion' noch um die ‚Erziehung zum Glauben' [...] Der Islamische Religionsunterricht will muslimische Kinder und Jugendliche dazu befähigen, ihr Leben sinnvoll, gut und selbstverständlich zu gestalten und dabei mit Fragen der Religion des Islams und des persönlichen Glaubens umzugehen.[13]

Eng verbunden mit diesem Grundsatz der Subjektorientierung liegt der Freiheitsgedanke[14] der sich für die islamische Religion insbesondere aus der Verantwortungsmündigkeit (*taklīf*) ableitet. Ausgehend von einem perfekt erschaffenen Menschenbild (*ašrāf al-maḫlūkāt*), dass der Mensch in der Lage ist, selbstbestimmt zu handeln, wird ihm die Verantwortung für seine diesseitigen Taten gegeben. Diese Verantwortung beinhaltet auch die Freiheit und Fähigkeit, selbstständige Entscheidungen zu treffen, weswegen jeder Zwang ausgeschlossen bleibt.[15]

In der Islamischen Religionspädagogik wird dieses Bildungsideal als der Erwerb der „religiösen Mündigkeit" konzeptualisiert, was darauf abzielt, den Lernenden bewusst keine Identitätskonzepte aufzuzwingen.[16] Der reflektierte Umgang und die Auseinandersetzung mit religiösen Fragen und Inhalten steht dabei im Vordergrund, verknüpft mit dem Wunsch, dass die Lernenden eine selbstbegründete Positionierung und ein ebensolches Handlungsmuster entwerfen. Dementsprechend hat sich auch in den Kerncurricula (bspw. Niedersachsen) die Forderung nach der Beschäftigung mit gesellschaftlichen und individuellen Lebensfragen etabliert, die in Wechselwirkung und der Verknüpfung von kognitiven, affektiven und sozialen Dimensionen behandelt werden sollen.[17]

---

[13] Harry Harun Behr, „*Islamische Religionspädagogik und Didaktik. Eine zwischenzeitliche Standortbestimmung*", in: Polat, Mizrap/ Cemal, Tosun (Hg.), *Islamische Theologie und Religionspädagogik. Islamische Bildung als Erziehung zur Entfaltung des Selbst*, Frankfurt am Main 2010, S. 134–135.

[14] Vgl. Lindner, *Wertebildung im Religionsunterricht*, S. 251.

[15] Vgl. Said Topalovic, „*Der kompetenzorientierte Unterricht. Bausteine zur Entwicklung einer Didaktik für den islamischen Religionsunterricht*", Hikma (10), Göttingen 2019, S. 33.

[16] Yaşar Sarıkaya, „*Folge nicht dem, wovon du kein Wissen hast (Koran 17/36). Islamisch theologische Grundlagen der Erziehung zur religiösen Mündigkeit*" in: Yaşar Sarıkaya / Franz-Josef Bäumer, *Aufbruch zu neuen Ufern. Aufgaben, Problemlagen und Profile einer Islamischen Religionspädagogik im europäischen Kontext*, Münster/New York 2017, S. 154 f.

[17] Niedersächsisches Kultusministerium, *Kerncurriculum. Islamische Religion*, S. 5.

2.2 Ethische Bildung: begriffliche Konkretisierung

Die Termini Ethik und Moral sind eng miteinander verbunden und werden im alltagssprachlichen Gebrauch als Synonyme verwendet. Etymologisch betrachtet stammt das Wort *ethos* aus dem Griechischen und bedeutet Charaktereigenschaft. Das damit eng verwandte griechische Wort *êthos* hingegen, von dem sich auch der deutsche Begriff „Ethik" ableiten lässt, wird mit Gewohnheit, Sitte oder Gebrauch übersetzt.[18] Sowohl Charakter und die Wesensbeschaffenheit des Menschen als auch Sitten und Gebräuche einer Kultur bzw. Gemeinschaft werden demnach als Ethik verstanden. Der Begriff wurde zunächst auf die aristotelische Ethik bezogen, deren Aufgabe es war, positive und negative Charaktereigenschaften (Tugend/Laster) zu analysieren, die durch die Gewohnheit erworben wurden.[19] In seiner lateinischen Übersetzungen verwendete der römische Philosoph Cicero hierfür zum ersten Mal den Ausdruck *mos* (Sitte) und *moralis* (die Bräuche betreffend), was letztendlich als *Moral* in die deutsche Sprache übertragen wurde.[20] Damit lässt sich konstatieren, dass Ethik und Moral aus begriffsgeschichtlicher Perspektive dieselbe Bedeutung und Aufgabe aufweisen.

Dennoch haben sich mit Moral und Ethik in der Philosophie zwei verschiedene Fokussierungen entwickelt.

> Ethik meint […] die theoretische Beschäftigung mit moralischen Fragen, während Moral das gelebte Ethos von Individuen oder gesellschaftlichen Gruppen bezeichnet. […] Der Begriff Ethos […] bezeichnet die persönliche Lebenseinstellung oder die bewusst gelebte Grundhaltung von einzelnen oder Gruppen.[21]

Demnach beschreibt sich Moral als ein System aus Normen, Regeln, Geboten und Verboten sowie Werten einer Gemeinschaft mit unbedingtem Gültigkeitsanspruch. Ethik hingegen ist die Wissenschaft, die sich mit der Moral und somit den ihr zugrundeliegenden Werten, Tugenden und Normen reflexiv auseinandersetzt.[22] Daraus lässt sich ein Zusammenhang und eine gegenseitige Beeinflussung der Termini feststellen. So wie Annemarie Pieper auch beschreibt, hängt das moralische Verhalten von der ethischen Reflexion ab. Daraus ergibt sich wiederum,

---

[18] Vgl. Eberhard Schockenhoff, *Grundlegung der Ethik. Ein theologischer Entwurf*, Freiburg i. Br. 2007, S. 18.

[19] Vgl. Horst Brandt (Hg.), *Disziplinen der Philosophie. Ein Kompendium*, Hamburg 2014, S. 158.

[20] Vgl. Ebd; Vgl. Schockenhoff, *Grundlegung der Ethik*, S. 18.

[21] Schockenhoff, *Grundlegung der Ethik*, S. 19.

[22] Vgl. Işık, *Kultivierung des Selbst*, S. 64.

dass die „Ethik als eine Disziplin der Philosophie […] sich als Wissenschaft vom moralischen Handeln“[23] versteht. Unter der Perspektive von Gut und Richtig beinhaltet die Ethik also die Reflexion des moralischen Verhaltens bzw. der Sitten einer Gesellschaft und Kultur.[24] Ethische Bildung beinhaltet dementsprechend den Prozess, in dem die betroffenen Personen (im schulischen Kontext die Schülerinnen und Schüler) sich mit ethischen und moralischen Fragen auseinandersetzen können, um ethische und moralische Urteils-, Entscheidungs- und Bewertungsfähigkeit zu erwerben. Werte, Normen und Tugenden werden in dem Lernprozess eigenständig begründet und daraus werden Handlungsmaximen für die eigene Lebenssituation entwickelt.[25]

Der Begriff ethische Bildung wird in der religionspädagogischen Literatur in Verbindung mit ‚Werte-Bildung‘ oder ‚moralischer Entwicklung‘ thematisiert.[26] Die Prozesse der Wertevermittlung und moralischen Entwicklung sind nämlich Teil der ethischen Bildung, weshalb die Begriffe in der Literatur oftmals synonym gebraucht werden, dem sich in der vorliegenden Arbeit angeschlossen wird.

Anders als die philosophische Ethik ist die theologische Ethik auf die religiösen Werte, Gebote und Regeln ausgerichtet und versucht diese immer in Zusammenhang mit dem eigenen Glauben zu reflektieren. Da der Gottesglaube und das konkrete, alltägliche Handeln des Menschen in der islamischen Tradition engstens miteinander verbunden sind, hat sich auch eine Islamische Ethik (wie eine Christliche Ethik) entwickelt.[27] Die Ansätze einer theologischen Ethik fußen auf der Vorstellung, dass sich der Mensch vor einer größeren Instanz, also Gott verantworten muss, sodass ein entsprechendes Verhältnis zwischen Glauben und vernünftigem Handeln zu schaffen ist. Im Folgenden wird daher die Entwicklung der Ethischen Bildung in der Islamischen Denktradition historisch umrissen.

---

[23] Annemarie Pieper, *Einführung in die Ethik,* Tübingen/Basel 1994, S. 15.

[24] Vgl. Thomas Laubach, „*Zugänge. Grundaspekte der ethischen Reflexion*“, in:Gerfried Hunold / Thomas Laubach / Andreas Greis (Hg.), *Theologische Ethik. Ein Werkbuch*, Tübingen 1999, S. 29–47.

[25] Reinhold Mokrosch, „*Ethische Bildung und Erziehung*“, in: WiReLex, Stuttgart 2016, S. 1. URL: https://www.bibelwissenschaft.de/ressourcen/wirelex/8-lernende-lehrende/ethische-bildung-und-erziehung (letzter Zugriff am 06.09.2023).

[26] Rudolf Englert, „*Die verschiedenen Komponenten ethischen Lernens und ihr Zusammenspiel*“, in: Rudolf Englert / Helga Kohler-Spiegel / Elisabeth Naurath, *Ethisches Lernen. JRP*, Bd. 31, Neukirchen 2015, S. 110.

[27] IşıK / Kamcılı-Yıldız (Hg.), *Islamische Religionsdidaktik,* S. 160.

2.3 Ethische Bildung in der Islamischen Denktradition

2.3.1 Historische Einordnung

Die Entwicklung der Ethik im Islam lässt sich als Prozess beschreiben. Die erste Generation der Muslime *(salaf as-salihin)* hatte den Propheten als direkten Ansprechpartner bei Fragen zur religiösen und ethischen Gestaltung des Lebens, sodass keine eigenständige Disziplin wie die Ethik erforderlich war. Die Offenbarung des Korans und die Empfehlungen des Propheten, die im Zusammenhang mit der göttlichen Offenbarung zu verstehen waren, bildeten für die Muslime auch eine ethische Richtlinie. So konnten Antworten auf ethisch relevante Fragen wie „die Natur des Guten und Bösen, die göttliche Gerechtigkeit, bzw. die Freiheit des Menschen und seine Verantwortung in seinen Handlungen" von koranischen Aussagen abgeleitet werden.[28] Ebenso beinhaltete die stammesgeschichtliche – auf Brauch und Sitte basierende – Sunna der vorislamischen Araber ethische Prinzipien für die Muslime.[29]

Für die späteren Generationen der Muslime waren die Botschaften des Koran und der Sunna nicht mehr eindeutig erschließbar, weil sie insbesondere den Propheten nicht mehr als direkten Ansprechpartner fragen konnten. Auch die territoriale Ausbreitung und damit auch die Begegnung mit fremden Kulturen und Ideologien eröffnete neue Dimensionen ethischer Fragen, sodass eine systematische Auseinandersetzung mit ethischen Fragen notwendig wurde.[30] Im Zuge der Genese der Wissenschaftszweige im 8. bis 11. Jh. wurden vielfältige Diskurse zu ethischen Fragestellungen geführt, zunächst jedoch im Rahmen der systematischen Theologie (*kalām*) und der Rechtswissenschaft bzw. Normenlehre (*fiqh*), welche den Koran und die Sunna des Propheten als Grundlage hatten. So entwickelte sich im 9. und 10. Jahrhundert die islamische Normenlehre im Sinne einer

[28] Ednan Aslan, *„Ethik im Islam"*, in: Rudolf Englert / Helga Kohler-Spiegel/ Elisabeth Naurath, *Ethisches Lernen. JRP*, Bd. 31, Neukirchen 2015, S. 37 f.

[29] Richard Walzer / Hamilton Gibb, *„Art. Akhlaq"*, in: Peri Bearman u. a. (Hg.), *Encyclopedia of Islam*, Leiden ²2012, S. 325 ff.

[30] Ebd. S. 39.

deontologischen Ethik,[31] die der normativen Orientierung im alltäglichen Leben der Muslime diente und an Dominanz gewann.[32]

Demgegenüber konnte sich diejenige islamisch-ethische Strömung, welche sich *ʿilm al-aḫlāq* (Wissen um die Charaktereigenschaften) nannte und den Umgang mit der Charaktereigenschaft reflektiert, nicht als eigenständiger Wissenschaftszweig in der islamischen Wissenschaftsgeschichte durchsetzen. Diese Disziplin weist einen starken Bezug zu Aristoteles und seiner *Nikomachischen Ethik* auf, da sie als „die Mitte von zwei Extremen verstanden" wurde, „die sich als situationsadäquates Verhalten erst zeigen kann".[33] Die Anhänger dieser Strömung, sowohl Philosophen als auch Mystiker, hielten sich bei der Klärung ethischer Fragen und der Festlegung ethischer Prinzipien fortan hauptsächlich an die antike griechische Moralphilosophie, von der sie inspiriert wurden. Durch die Übersetzung der Nikomachischen Ethik in die arabische Sprache sowie die kulturelle Anpassung fand Aristoteles Werk im 10 Jh. bei den muslimischen Denkern und Philosophen weite Rezeption. Als früheste Rezipienten lassen sich al-Kindī und Ibn al-Nadīm (gest. um 955) sowie al-Fārābī (gest. 950) feststellen.[34]

Auch wenn sie sich in der islamischen Wissenschaftsgeschichte als eigenständiger Wissenschaftszweig nicht durchsetzen konnte, wirkt diese Disziplin bis in die Gegenwart und ordnet sich in die Literatur etablierter Disziplinen ein, hauptsächlich in die der islamischen Philosophie (*falāsifa*) und der islamischen Mystik (*ʿilm at-taṣawwuf*).[35]

[31] Die deontologische Ethik wurde vor allem durch Immanuel Kant vertreten, bei der es bei einer Sache nicht um die Konsequenzen, sondern um die Handlung selbst geht. Pflichten und Regeln sind bei diesem Ansatz zentral. Weiterführende Literatur diesbezüglich: Werner, Micha/ Düwell, Marcus: *Deontologische Ethik*, in: Armin Grunwald / Rafaela Hillerbrand (Hg.), *Handbuch Technikethik*, 2. Aufl., Heidelberg/Berlin 2021, S. 158 ff.

[32] Vgl. Işık / Kamcılı-Yıldız (Hg.), *Islamische Religionsdidaktik*, S. 164.

[33] Vgl.: Fatma Akan Ayyıldız, „*Ethik ‚mit Leib und Seele'. Das Konzept Ṭašköprīzādes in seinem Šarḥ al-Aḫlāq al-ʿAḍūdiyya*", in: Rana Alsoufi / Serdar Kurnaz / Mira Sievers u. a. (Hg.), *Wege zu einer Ethik. Neue Ansätze aus Theologie und Recht zwischen modernen Herausforderungen und islamischer Tradition*, Baden-Baden 2023, S. 17; Tuba Işık, „*Ethik und ethische Bildung im Islam*", in: Lindner, Konstantin/ Zimmermann, Mirjam (Hg.), *Handbuch ethische Bildung. Religionspädagogische Fokussierungen*, Tübingen 2021, S. 191.

[34] Vgl. Işık, *Kultivierung des Selbst*, S. 150.

[35] Anmerkung: Aus diesem Grund werden im weiteren Verlauf, insbesondere bei der theologischen Verortung des Mitgefühls (Kapitel 5) Literatur aus verschiedenen Disziplinen herangezogen, die sich mit ethischen Fragestellungen und Charaktereigenschaften beschäftigen.

2.3.2 Ethik – *aḫlāq*: begriffliche Klärung

Der genuin arabische Begriff *ᶜilm al-aḫlāq* charakterisiert ein islamisches Verständnis von Ethik, das dem antiken sowie auch modernen philosophischen Ethikbegriff am ehesten zu entsprechen scheint und in der Literatur Bedeutung besitzt.[36] Etymologisch beschreibt der Terminus *aḫlāq* die Pluralform des Wortes *ḫulūq* und wird laut dem umfangreichen Wörterbuch der arabischen Sprache, *Līsān al-ᶜArab* als Charakter, natürliche Verlangung, Qualität, sittliche Haltung, Eigenschaften, Disposition und Angewohnheit zusammengefasst.[37] Das breite Bedeutungsspektrum lässt daher unterschiedliche Deutungen und Übersetzungen von *aḫlāq* zu. In vorliegender Arbeit wird die Definition von Işık verwendet, die *aḫlāq* als die Charaktereigenschaften bzw. inneren Qualitäten des Menschen versteht.[38] Gleichwohl ist mit dem Begriff *ḫulūq* die koranische Bezeichnung *ḫalq* (Schöpfung) verwandt, was auf die körperliche Beschaffenheit des Menschen hinweist.[39] Işık leitet daraus ab, dass *aḫlāq* nicht nur die lobens- und tadelnswerten Eigenschaften und Haltungen des Menschen beschreibt, sondern auch auf eine Verbindung zwischen Körper und Seele hinweist. Dies wiederum bedeute, dass sich „die Kultivierung des Charakters auf die körperliche Verfassung des Menschen auswirkt."[40] So ist eine holistische Betrachtungsweise von Leib und Seele erkennbar.

Der Philosoph und Historiker Abū ᶜAlī Aḥmad b. Muḥammad b. Yaᶜqūb, besser bekannt als Ibn Miskawayh (932–1030), gilt als einer dieser einflussreichen Persönlichkeiten des 10.Jh., der die islamische Moralphilosophie maßgeblich beeinflusste. Sein bedeutsames Werk *Tahḏīb al-aḫlāq wa tathī al-aᶜrāq* (Die Läuterung des Charakters und die Reinigung der Anlagen), welches er zwischen 982 und 985 verfasste, stellt ein Beispiel divergierender Methoden in der Philosophie und Theologie dar, das den Anspruch erhebt, aristotelische Elemente in ethische Fragen aufzunehmen und in ein islamisches Konzept zu integrieren.[41] Die Charakterbildung beschreibt der Autor als eine „Kunstfertigkeit" (*ṣināᶜa*), die jeder erlernen kann und mit der es möglich wird, in allen Lebenslagen ohne besondere

---

[36] Vgl. Işık, *„Ethische Bildung im Islam"*, S. 191; Vgl. Işık, *Kultivierung des Selbst*, S. 140.

[37] Vgl. Abū Faḍl Ibn Manẓūr, *Līsān al-ᶜarab*, Bd. 10, Beirut 1993, S. 88 f.; Hans Wehr, Arabisches Wörterbuch für die Schriftsprache der Gegenwart, Wiesbaden 2009, S. 360 ff.; Vgl. Işık *„Ethik und ethische Bildung im Islam"*, S. 191 f.

[38] Vgl. Işık, *Kultivierung des Selbst*, S. 143.

[39] Vgl. Işık, *„Ethische Bildung im Islam"*, S. 192.

[40] Vgl. Ebd.

[41] Vgl.: Akan Ayyıldız, *„Ethik ‚mit Leib und Seele'"*, S. 18.

Anstrengung gut zu handeln.[42] Er weist auf die Wechselwirkung zwischen Anlage und Umwelt hin, indem der Mensch einerseits durch Belohnung, Ermahnung und Anleitung und andererseits durch die natürliche Grundveranlagung kultivierbar ist.[43] Mit Bezug auf die antike Philosophie sowie seinen Lehrer Yaḥyā b. ʿĀdī (gest. 974), einem christlich-arabischen Gelehrten, sieht Miskawayh im Menschen von

> Grund auf ein soziales Wesen, das notwendigerweise seiner Mitmenschen bedarf. Nur im freundlichen Miteinander erreiche das Individuum seine wirkliche Bestimmung, die ‚Glückseligkeit' (*saʿāda*), allein auf diese Weise könne er Tugenden wie Großzügigkeit, Mäßigung und Gerechtigkeit voll entwickeln.[44]

Mit Naṣīr ad-dīn aṭ-Ṭūsī (gest.1274) wird diese Art von Ethikliteratur weiterentwickelt. Neben der personalen Ethik integrierte er Kapitel, welche weitere Bereiche des sozialen Lebens abdeckten, wie z. B. die Haushaltsführung und politische Ethik. Was die Weiterentwicklung besonders auszeichnet, ist die Verknüpfung von aristotelischem Gedankengut mit sufischen Theorien, insbesondere denen von Abū Ḥāmid al-Ġazālī (gest. 1111).[45] So stellt das *Aḫlāq-i Nāṣirī* ein systematisches Werk dar, das verschiedene Lebensbereiche abdeckt und unterschiedliche Perspektiven einbezieht.

2.4 Ethische Bildung im schulischen Islamischen Religionsunterricht

Ethische Bildung zeichnet sich in Anbetracht moderner, pluralistischer Gesellschaften als ein wichtiger Bestandteil des Bildungsauftrages aus. Verschiedene Schulfächer wie Philosophie- und Religionsunterricht basieren auf unterschiedlichen Konzepten zur ethischen Bildung, die alle das Ziel verfolgen, die Heranwachsenden bei der Entwicklung eines Werteverständnisses zu unterstützen.[46] Gleichwohl machen Schlagzeilen wie „Ethik ist wichtiger als Religion" sowie die Etablierung religionsunabhängiger Unterrichtsfächer wie „Werte und

[42] Işık, *Kultivierung des Selbst,* S. 155.

[43] Vgl. ebd.

[44] Ebd.

[45] Vgl.: Akan Ayyıldız, „*Ethik ‚mit Leib und Seele*'", S. 18.

[46] Işık, *Kultivierung des* Selbst, S. 47.

Normen" in Niedersachsen oder „Praktische Philosophie" in Nordrhein-Westfalen die Forderung deutlich, ethische Bildung separat zu behandeln.[47]

In diesem Zusammenhang wirft Joachim Kunstmann die Frage nach der Wertebildung im Religionsunterricht auf und stellt die Problematik aufgrund der Komplexität des Religionsbegriffs einerseits und der lebensgeschichtlichen Prozesse von Wertebildung andererseits folgendermaßen dar: „*Religion kann in einer hochdifferenzierten Gesellschaft nicht für die Lieferung, Einübung und Garantie von Werten einstehen*".[48] Damit betont er, dass religiöse Bildung zwar „*eine exemplarische Bedingung für Wertebildung*" darstellt, jedoch nicht in ethische Bildung transformiert werden kann.[49] Denn nicht die Religion stütze sich auf die Werte, sondern umgekehrt böten religiöse Vorstellungen Möglichkeiten zur Entwicklung eines Werteverständnisses. Somit wird die Abgrenzung zwischen Religion und Ethik zur zentralen Frage. Rudolf Englert hebt in diesem Kontext hervor, dass die ethische Dimension der religiösen Bildung unbestritten sei, betont jedoch auch, dass Religion nicht auf die ethische Dimension reduziert werden könne.[50]

In dieser Hinsicht bietet die Typologie von Konstantin Lindner[51] eine systematische Darstellung bei der Beantwortung der Frage nach dem Verhältnis von Religion und Ethik, was insbesondere für das Verständnis eines Religionsunterrichts, das die ethische Dimension berücksichtigt, von wesentlicher Bedeutung ist.

2.4.1 Zum Verhältnis von religiöser und ethischer Bildung in der Islamischen Religionspädagogik

Wie bereits angerissen, stellt Lindner eine Typologie vor, mit der er verschiedene Ansichten über das Verhältnis von religiöser und ethischer Bildung

---

[47] Martin Rothgangel, „*Ethische Bildung mit oder ohne Religion? Der Beitrag des schulischen Religionsunterrichts zu ethischer Bildung*", in: Konstatin/ Zimmermann, Mirjam (Hg.), *Handbuch ethische Bildung. Religionspädagogische Fokussierungen*, Tübingen 2021, S. 281.

[48] Elisabeth Naurath „*Übertragung, Erhellung, Entwicklung, Kommunikation, Erfahrung. Strategien ethischer Bildung im Religionsunterricht*", in: Lindner, Konstatin/ Zimmermann, Mirjam (Hg.), *Handbuch ethische Bildung. Religionspädagogische Fokussierungen*, Tübingen 2021, S. 223 f.

[49] Ebd. S. 223.

[50] Englert, „*Komponenten ethischen Lernens*", S. 108.

[51] Vgl. Lindner, *Wertebildung*, S. 250–260.

zusammenfasst. Diese Ansichten werden in drei Modelle unterteilt: das *Gleichsetzungsmodell*, das *Abgrenzungsmodell* sowie das *Verflechtungsmodell.* Jedes dieser Modelle weist unterschiedliche Konsequenzen für den Religionsunterricht auf.

- „*Religiöse Bildung ist gleich Wertebildung*" (*Gleichsetzungsmodell*): Das Gleichsetzungsmodell lässt sich als eine Engführung des Religionsunterrichts auf die Werte und Normen verstehen, bei der religiöse Inhalte primär als Mittel für die Wertevermittlung betrachtet werden. Dabei rückt die theologische Bedeutung der Inhalte in den Hintergrund, während die religiöse Bildung auf eine rein instrumentelle Funktion in Bezug auf die Wertebildung reduziert wird. Dieser Ansatz wird vor allem als Legitimierung des Religionsunterrichts genutzt. Als Konsequenz leitet Lindner ab, dass der Religionsunterricht überflüssig bleibt, da die Wertebildung auch ohne den Rekurs auf religiöse Sinnzusammenhänge möglich ist.[52]
- „*Ethische Bildung ohne Religion*" (*Abgrenzungsmodell*): Das Abgrenzungsmodell beschreibt das Gegenpendant zum Gleichsetzungsmodell, bei dem die religiöse und ethische Bildung als getrennte Bildungsaspekte beschrieben werden und eine Distanz aufweisen.[53] Damit verbunden ist die Aufforderung einer religionsunabhängigen ethischen Bildung, welche die Wertebildung ohne den religiösen Bezug als möglich betrachtet. Diese Forderung wird insbesondere von zwei Gruppen befürwortet: einerseits von Verfechtern, die vor dem Hintergrund einer großen Anzahl nicht religiöser Schülerinnen und Schüler in einer religionsunabhängigen ethischen Bildung die Erfüllung der Chancengleichheit sehen, andererseits plädieren hierfür auch einige wenige Religionspädagoginnen und -pädagogen, die damit der ethischen Instrumentalisierung des Religionsunterrichts entgegenwirken wollen.[54] Zu diesen Vertretern zählt bspw. Dressler, der mit der Äußerung „*Religionsunterricht kann nicht Werteerziehung sein*" darauf aufmerksam machen will, dass Religionsunterricht mehr als Wertebildung ist.[55]
- „*Ethische Bildung als Teilaspekt von Religion*" (*Verflechtungsmodell*): Im Sinne des Verflechtungsmodells werden religiöse Bildung und Wertebildung als zwei sich ergänzende und bereichernde Bildungsaspekte wahrgenommen, ohne sie dabei gänzlich gleichzusetzen oder voneinander abzugrenzen. Dieses Modell

[52] Vgl. Ebd. S. 254.

[53] Vgl. Ebd. S. 255.

[54] Vgl. Martin Rothgangel, „*Ethische Bildung mit oder ohne Religion*", S. 281 f.

[55] Lindner, *Wertebildung*, S. 255.

wird häufig in der Religionsdidaktik und in kirchlichen Dokumenten aufgegriffen, um die Wechselwirkung zwischen religiöser Bildung und Wertebildung aufzuzeigen. Dabei wird betont, dass religiöse Inhalte in einer pluralistischen Gesellschaft einen Beitrag zur Vermittlung von Werten wie Toleranz, Respekt und Anerkennung für den anderen leisten können sowie bei der Entwicklung einer entsprechenden Orientierungs- und Urteilskompetenz unterstützen.[56]

Auch der Islamische Religionsunterricht lässt sich auf Grundlage koranischer Aussagen sowie theologischer und religionspädagogischer Aufarbeitungen am ehesten dem Verflechtungsmodell zuordnen.

2.4.2 Perspektiven für den Islamischen Religionsunterricht

Die Untersuchung bestätigt, dass der Religionsunterricht einen wichtigen Beitrag zur Wertebildung seiner Schülerinnen und Schüler leistet und gleichzeitig ein eigenes Profil aufweist.[57] Der ethischen Bildung im Islamischen Religionsunterricht erhält besondere Bedeutung durch die Betonung der Subjektorientierung.[58] Diese Grundsätze basieren auf dem Verständnis des Menschenbildes gemäß dem Koran, der ihn aufgrund seiner natürlichen Anlagen und der ihm Übertragenen Verantwortung (*taklīf*) zur Verantwortungsbewusstheit befähigt. Diese Verantwortung erstreckt sich auf die Beziehung zu Gott und zur gesamten Schöpfung.[59] Aufgabe des Islamischen Religionsunterrichts ist es daher, über diese menschliche Gabe und Aufgabe aufzuklären und die Schülerinnen und Schüler mit Blick auf die religiöse Mündigkeit zu ethischer und moralischer Urteils-, Entscheidungs- und Bewertungsfähigkeit zu befähigen, was im Horizont zunehmender gesellschaftlicher Pluralität ein Anliegen des allgemeinen Schulauftrags darstellt. Werte, Normen und Tugenden werden in dem Lernprozess eigenständig begründet, um daraus Handlungsmaximen für die eigene Lebenssituation

[56] Vgl. Ebd. S. 256 ff.

[57] Vgl. Ebd. S. 260.

[58] Vgl. Ebd.

[59] Caviş, „*Subjekt-und Kontextorientierung*", S. 39 f.

zu entwerfen.[60] Somit bekommt die ethische Bildung auch in der Islamischen Religionspädagogik und -didaktik eine zentrale Aufgabe zugeschrieben, indem ethische Fragen in Verbindung mit den religiösen Grundvorstellungen und Regeln reflektierend erarbeitet werden.

Bildungslehrpläne bzw. Curricula beinhalten die Zielsetzungen des Bildungsbeitrages des jeweiligen Faches. Im Fach Islamischer Religionsunterricht (in Niedersachsen) sind diese durch erwartete Lernergebnisse spezifiziert und in Form von Kompetenzen beschrieben.[61]

Ein Blick in diese Bildungslehrpläne verschiedener Bundesländer macht deutlich, dass ethische und religiöse Bildung miteinander verknüpft werden. Exemplarisch zeigt sich das am Kerncurriculum der Sekundarstufe I für den Islamischen Religionsunterricht in Niedersachsen folgendermaßen:

> „[…] Inhalt und Ziel des islamischen Religionsunterrichts […] die Befähigung muslimischer Schülerinnen und Schüler, individuelle, religiöse oder gesellschaftliche Normen als solche zu erkennen, zu hinterfragen und für sich einzuordnen. […] Somit unterliegt auch islamischer Religionsunterricht der Anforderung […], zum ethischen Urteil zu befähigen.[62]

Ferner wird im Kerncurriculum darauf hingewiesen, dass die Befähigung zum ethischen Urteilen wesentliches Ziel der religiösen Bildung ist, wohingegen die tradierte Weitergabe von Wertevorstellungen abzulehnen ist.[63]

Diese Perspektive macht deutlich, dass der Religionsunterricht über die Methoden und Dimensionen des ethischen Bildungsprozesses reflektieren muss. Lindner betont im Hinblick auf fachdidaktisches Professionswissen zur ethischen Bildung das „Einüben von und Vertrautmachen mit verschiedenen prozessbezogenen Aktivitäten".[64] Diesbezüglich benennt er

- die Förderung der *Fähigkeit* zur *Wahrnehmung* von wertbezogenen Kontexten,
- die *Reflexion* von Werten und Werthaltungen,

---

[60] Reinhold Mokrosch, „*Ethische Bildung und Erziehung*", in:(WiReLex), Stuttgart 2016, S. 1URL: https://www.bibelwissenschaft.de/wirelex/das-wissenschaftlich-religionspaedagogische-lexikon/wirelex/sachwort/anzeigen/details/ethische-bildung-und-erziehung/ch/73043f7d0060d200100d9ac857d69e37/ (letzter Zugriff: 06.07.2023).

[61] Niedersächsisches Kultusministerium, *Kerncurriculum. Islamische Religion*, S. 10.

[62] Ebd. S. 8

[63] Ebd.

[64] Vgl. Lindner, *Wertebildung*, S. 272.

- die *kommunikative Ebene* von Wertebildung, indem Schüler sich über die Wertefragen diskursiv austauschen, und schließlich
- das *Handeln* in wertebildenden Situationen.[65]

Ferner führt Lindner an, dass diese prozessbezogenen Aktivitäten auf verschiedenen Lernebenen folgen und neben der kognitiven auch die affektive und praktische Disposition des Menschen umfassen.[66]

[65] Vgl. Ebd. S. 272 f.

[66] Die verschiedenen Lernanlässe zur Realisierung der dargestellten prozessbezogenen Aktivitäten werden in Kapitel 6 aufgegriffen, nachdem im Folgenden die verschiedenen Lernebenen vorgestellt werden. Vgl. Ebd. S. 273.

3 Zur emotionalen Dimension der ethischen Bildung

„Vor welcher Tat ich steh, begreif ich wohl.
Doch stärker als Vernunft ist Leidenschaft."[1] (Euripides)

Wenn ethische Bildung sowohl historisch als auch bildungspolitisch eine elementare Funktion im Kontext der islamisch-religiösen Bildung darstellt, dann ist in einem weiteren Schritt zu klären, welche menschlichen Dispositionen hierfür relevant sind, was eine entwicklungspsychologische Analyse erfordert. Es ist Ziel, aufbauend auf diesen Erkenntnissen über die Konsequenzen für eine ethisch dimensionierte (islamisch-) religiöse Bildung zu reflektieren und Möglichkeiten der religionspädagogischen und -didaktischen Realisierung aufzuzeigen.

Die jüngsten Entwicklungen in der Entwicklungspsychologie haben den Fokus auf die emotionale Dimension der ethischen Bildung verstärkt, was die bisherigen Erklärungsansätze in der Tradition von Lawrence Kohlbergs Theorie zur moralischen Urteilsfähigkeit als unzureichend erscheinen lässt. Die Betonung des motivationalen Aspekts moralischen Handelns und die Integration kognitiver und emotionaler Dimensionen bei der Wertbildung bieten, wie von Nancy Eisenberg, Jutta Kienbaum und anderen renommierten Wissenschaftlerinnen und Wissenschaftler dargelegt, relevante Perspektiven für die Religionspädagogik.

Die Verbindung von Gefühlen mit Werten und der Wertebildung ist ein Thema, das in der religionspädagogischen Literatur bereits Eingang gefunden hat. Ausgehend von diesen Grundlagen zielt die Weiterführung des vorherigen Kapitels

[1] Medea, Vers 1079. Zitiert aus: Anton Bucher, „*Mehr Emotionen und Tugenden als kognitive Stufen*", in: Englert, Rudolf / Kohler-Spiegel, Helga / Naurath, Elisabeth u. a. (Hg.), *Ethisches Lernen*, S. 90.

G. Aydin, *Die Signifikanz von (Mit-)Gefühl für die ethische Bildung in der Islamischen Religionspädagogik*, BestMasters,
https://doi.org/10.1007/978-3-658-46770-8_3

darauf ab, eine entwicklungspsychologische Argumentation für die Verknüpfung von emotionalen und kognitiven Lernprozessen in der ethischen Bildung zu repräsentieren. Ziel ist es, daraus potenzielle Implikationen für die Islamische Religionspädagogik abzuleiten.

Zu diesem Zweck werden zunächst die in der Theorie der Moralentwicklung bisher dominierenden kognitiv-strukturalistischen Ansätze von Piaget und Kohlberg skizziert. (Abschn. 3.1.) Anschließend werden im Kontext moralischer Gefühle die Termini Gefühl, Emotion und Affekt beleuchtet (Abschn. 3.2.1.) sowie die ethische Dimension von Gefühlen herausarbeitet (Abschn 3.2.2.), um schließlich die Entwicklung von moralischen Gefühlen während der Lebensspanne aufzuzeigen. (Abschn. 3.2.3) Die Bedeutung der sozial-emotionalen Entwicklung als Impuls für den Religionsunterricht bildet schließlich das letzte Unterkapitel. (Abschn. 3.3).

3.1 Die kognitiv-strukturalistischen Ansätze von Piaget und Kohlberg

Einen wichtigen Schritt innerhalb der konzeptionellen Entwicklung der ethisch dimensionierten Religionspädagogik stellen die Erkenntnisse von Piaget und nachfolgend Kohlberg zur moralischen Entwicklung von Kindern und Jugendlichen dar. Bei der Erforschung der Moralentwicklung ist prioritär die kognitive Komponente aufgegriffen worden. Insbesondere die Fähigkeit zur Perspektivenübernahme, oft auch als *Theory of Mind* bekannt, war in den Forschungsergebnissen von elementarer Bedeutung für die Entwicklung von moralischen Gefühlen, Motiven und Verhalten.[2] Bei der Perspektivenübernahme handelt es sich im Konkreten um einen kognitiven Prozess, bei der „die Fähigkeit zur Differenzierung und Koordination von Perspektiven; als das Verständnis vom mentalen Zustand einer anderen und der eigenen Person, inklusive Gedanken, Wünschen und Emotionen" zustande kommt.[3]

Jean Piaget ist als ein bedeutsamer Vertreter der kognitiv ausgerichteten Erklärung der Moralentwicklung bei Kindern anzunehmen. Er legte 1932 zum ersten Mal mit seinem Buch „*Das moralische Urteil beim Kind*"[4] die Grundlage für die

---

[2] Vgl. Isabelle Schwyzer / Tina Malti, „*Kognition, Emotion, Verhalten. Entwicklung von Werthaltungen*", in: Lindner, Konstatin / Zimmermann, Mirjam (Hg.): *Handbuch ethische Bildung. Religionspädagogische Fokussierungen*, Tübingen 2021, S. 24.

[3] Ebd.

[4] Der Originaltitel des Buches von Jean Piaget lautet: *Le judgement moral chez l'entfant*.

kognitiven Theorien der Moralentwicklung dar. In seinen Ausführungen beschrieb er das moralische Denken von Kindern in zwei Stufen: einerseits durch das „starre Befolgen von Regeln durch Autoritätspersonen" und andererseits durch „verhandelbare Regeln als Produkt sozialer Interaktion".[5] Diese Entwicklung spiegelte für Piaget einen Adaptionsprozess wider, die als Assimilation und Akkommodation beschrieben werden.[6]

Kohlberg baute auf den Erkenntnissen von Piaget auf und entwickelte ein Stufenmodell zur Erklärung der moralischen Entwicklung von Kindern und Jugendlichen. Seine Theorie der moralischen Entwicklung begründet er auf der Veränderung des Gerechtigkeitsdenkens und dem Durchlaufen verschiedener kognitiver, logisch aufeinanderfolgender Stufen, welche qualitativ unterschiedliche Formen des moralischen Denkens aufweisen. Seine Studien begann er 1958 mit seiner Dissertation, in der er moralische Dilemmata einsetze und mündete anschließend in einer 30-jährigen Längsschnittstudie, welche die moralische Entwicklung des Menschen untersuchte.[7] Darauf basierend entwickelte er ein Stufenmodell mit drei Ebenen, welche in *präkonventionell*, *konventionell* und *postkonventionell* unterteilt werden und jeweils zwei Stufen umfassen:

- Auf *präkonventioneller* bzw. *vormoralischer* fällt das Subjekt moralische Urteile in Abhängigkeit von drohenden Strafen durch Autoritäten (Stufe 1) oder von individuell-egoistischen Bedürfnissen nach dem Prinzip „wie du mir, so ich dir". (Stufe 2)
- Auf dem Niveau *konventioneller Moral* (II) dominiert zunächst das Interesse am Erhalt der Beziehung zu wichtigen und persönlich bekannten Personen: Moralische Urteile werden in Orientierung an Erwartungen anderer zur Vermeidung von Missbilligung (Stufe 3) gefällt. Auf Stufe 4 kommt die Ausrichtung an Gesetz und Ordnung hinzu – unter anderem im Bewusstsein der Sicherung sozialer Ordnung.

[5] Vgl. Schwyzer/ Malti, „*Kognition, Emotion, Verhalten*", S. 25.

[6] Günther Stachel / Dietmar Mieth, *Ethisch handeln lernen. Zur Konzeption und Inhalt ethischer Erziehung*, Zürich 1978, S. 73.

Als Assimilation wird der „Prozess [beschrieben], bei dem Personen neu antreffende Informationen so interpretieren, dass sie mit bereits verstandenen Konzepten in Einklang stehen" während Akkommodation den Vorgang beschreibt, in der die vorhandenen Wissensstrukturen als Reaktion auf äußere Einflüsse erweitert werden. Vgl. Robert Siegler / Jenny R. Saffran / Elizabeth T. Gershoff u. a., *Entwicklungspsychologie im Kindes-und Jugendalter. (Deutsche Auflage unter Mitarbeit von Sabina Pauen)*, Berlin / Heidelberg [5]2021, S. 135.

[7] Schwyzer / Mati, „*Kognition, Emotion, Verhalten*", S. 25.

- Auf dem Niveau *postkonventioneller* Moral (III) wird ein vorgefundenes Ordnungssystem nicht mehr als unwandelbar und fraglos richtig anerkannt. Vielmehr definiert nun das Subjekt Prinzipien und Werte, wie z. B. Freiheit, die der Gesellschaft vorgeordnet sind und für das allgemeine Wohlergehen bedeutsam scheinen (Stufe 5). Die hypothetische, weil empirisch kaum nachweisbare sechste Stufe steht dafür, dass Subjekte einen moralischen Standpunkt unabhängig von der Autorität von Gruppen oder Personen einnehmen, der auf persönlichen Gewissensentscheidungen sowie universellen Prinzipen bzw. Werten wie z. B. Menschenwürde beruht, die in Orientierung an abstrakten Referenzsystemen wie dem kategorischen Imperativ oder diskursethischen Prämissen erschlossen werden.[8]

Die Überschreitung der einzelnen Stufen wird mit dem Alter und der Entwicklung der Fähigkeit zum logischen Denken begründet, was letztendlich auf die Entwicklung moralischer Urteilsfähigkeit hindeutet.[9] Zur Erfassung und Förderung der moralischen Urteilsfähigkeit schlägt Kohlberg den Einsatz von ‚moralischen Dilemmata' vor. Diese sind meist fiktive Geschichten, in denen moralische Konflikte auftreten und die Personen dazu veranlassen, zwischen zwei moralisch relevanten Optionen zu wählen. Es geht Kohlberg nicht darum, die eine oder andere Option als richtig oder falsch einzustufen, vielmehr geht es um die Argumentationsstruktur der Begründung.[10]

Ein bekanntes moralisches Dilemma, das von Kohlberg in seiner Studie auch angewandt wurde, ist das Heinz-Dilemma:

> Ein Medikament gab es, von dem die Ärzte annahmen, dass es sie retten könnte. Es handelte sich um eine Form von Radium, die ein Apotheker in derselben Stadt kürzlich entdeckt hatte. Es war sehr kostspielig, dieses Medikament herzustellen, und der Apotheker verlangte das Zehnfache des Herstellungspreises. Heinz, der Ehemann der kranken Frau, wandte sich an alle seine Bekannten, um das Geld zusammenzuborgen, und versuchte es mit allen legalen Mitteln, aber er brachte nur etwa zweitausend Dollar zusammen, die Hälfte des Preises. Er erzählte dem Apotheker, dass seine Frau sterben würde, und bat ihn, das Medikament billiger zu verkaufen oder ihm eine spätere Bezahlung zu ermöglichen. Aber der Apotheker sagte: „Nein, ich habe das Medikament entdeckt und will damit Geld verdienen." Nachdem Heinz nun alle legalen Wege erprobt hat, verzweifelte er und zog in Betracht, in die Apotheke einzubrechen und für seine Frau das Medikament zu stehlen.[11]

[8] Aufzählung folgt: Lindner, *Wertebildung,* S. 41 f.

[9] Bucher, *„Mehr Emotionen und Tugenden"*, S. 87–89.

[10] Lindner, *Wertebildung,* S. 40 f.

[11] Siegler / Saffran / Gershoff u. a., *Entwicklungspsychologie,* S. 576.

Kohlberg stellte daraufhin den Kindern Fragen wie: „Sollte Heinz das Medikament stehlen?“, „Wäre es falsch oder richtig, wenn er das täte?“ „Warum?“ etc.[12] In einem solchen Dilemma sah er die Chance, Schülerinnen und Schüler bei der Begründung moralischer Fragestellungen zu fordern. Gemäß der moralischen Argumentationsstruktur der Schülerinnen und Schüler werden diese in jeweils eine der Stufen 1 bis 6 eingeordnet. Wie bereits tangiert, ging es Kohlberg nicht um die Entscheidung selbst, als vielmehr die reflektierte Begründung für die Entscheidung.[13]

In den Dilemma-Diskussionen sieht Kohlberg vor allem die Möglichkeit zur Erweiterung und Umformung der Denkstrukturen. Denn wenn die Kinder bzw. Jugendlichen eine Unstimmigkeit in ihrer moralischen Überzeugung und dem Handeln erkennen, entsteht eine Äquilibration, d. h. ein Selbstregulierungsprozess. Um diese moralische Inkonsistenz aufzulösen, entwickelt die Person dann i. d. R. neue, komplexere Denkstrukturen, welche mit den moralischen Überzeugungen einhergehen. Dadurch erreichen die Personen auch die nächsthöhere Stufe moralischer Entwicklung.[14]

Insgesamt haben die Ansätze Piagets und Kohlbergs zum besseren Verständnis der moralischen Entwicklung im Kindes-und Jugendalter beigetragen, welche mit der kognitiven Entwicklung einhergeht. Allerdings haben sich vonseiten der Wissenschaft Kritikpunkte und Einwände ergeben. Ein Kritikpunkt bezieht sich darauf, dass Kohlberg zwischen den moralischen Fragen und den sozialen Konventionen nicht genügend differenziert und die kulturellen Unterschiede nicht berücksichtigt, sodass sie keinen universellen Gültigkeitsanspruch aufweise.[15] Hierfür wurden jedoch Studien in verschiedenen Ländern durchgeführt, die zeigten, dass Kinder aus verschiedenen Kulturen ähnliche moralische Werte teilen und dementsprechend auch ähnliche Stufen der moralischen Entwicklung durchlaufen. Diese Studie unterstütze wiederum die Theorie Kohlbergs und deutete darauf hin, dass sie teilweise universell anwendbar sein könnte.[16]

Darüber hinaus wird die Annahme der diskontinuierlichen Entwicklung des moralischen Denkens kritisiert, die besagt, dass Menschen, sobald sie eine höhere Stufe erreichen, nicht mehr auf niedrigere Stufen zurückgreifen sollten. Studien legen jedoch dar, dass Menschen je nach Situation und Kontext unterschiedliche

[12] Vgl. ebd.

[13] Ebd.

[14] Vgl. ebd. f.

[15] Vgl. ebd. S. 578.

[16] Vgl. ebd.

Stufen moralischen Denkens anwenden können.[17] Eine weitere Kritik zielt auf das vorrangige Gewicht der kognitiven Ausrichtung in der moralischen Entwicklung beim Menschen.[18] In den Ausführungen von Piaget als auch von Kohlberg finden sich Hinweise auf die Verknüpfung von Kognition und Emotion.[19] Mit den Worten von Piaget durchläuft „[…] auch die Intelligenz […] verschiedene Stadien, die in ihren großen Zügen mit der Entwicklung der Gefühle übereinstimmen."[20] Diese Aussage zeigt auf, dass kognitive und emotionale Entwicklung der Gefühle eines Menschen miteinander korrelieren.[21] Ebenso lässt sich mit der Formulierung Kohlbergs eine Berücksichtigung sozialer Einflüsse auf die moralische Entwicklung erkennen:[22] „Wenn die emotionale Seite der Rollenübernahme im Vordergrund steht, spricht man üblicherweise von Einfühlung (*empathy*) oder Mitgefühl (*sympathy*). […] Man kann nicht moralisch urteilen, ohne Rollen zu übernehmen.[23]

Auch wenn Kohlberg damit auf die sozial-emotionale Perspektive der Einfühlung in seine Moralentwicklung hinweist, bleibt sie in seinem Modell unbeachtet.[24] Stattdessen wird postuliert, „dass die moralische Kraft in der Person kognitiv ist."[25]

In Bezug auf das Primat der Kognition sowie die Ausblendung weiterer Dimensionen wie der emotionalen haben sie sich in der Forschung als unzureichend erwiesen. Eine wichtige Argumentation liefert Jonathan Haidt, indem er die Relevanz emotionaler und intuitiver Prozesse für die moralische Entscheidung darlegt. Laut Haidt erfolgt die kognitive Reflektion erst nach dem intuitiv Erkannten.[26]

---

[17] Vgl. ebd. S. 179.

[18] Vgl. Bucher, „*Emotionen und Tugenden*", S. 90.

[19] Vgl. Naurath, *Mit Gefühl gegen Gewalt*, S. 212.

[20] Jean Piaget, *Nachahmung, Spiel und Traum. Die Entwicklung der Symbolfunktion beim Kinde*, Stuttgart [6]2009, S. 237.

[21] Vgl. Naurath, *Mit Gefühl gegen Gewalt*, S. 213.

[22] Vgl. ebd.

[23] Ebd.

[24] Vgl. ebd.

[25] Bucher, „*Mehr Emotionen und Tugenden"*, S. 90.

[26] Vgl. ebd.

3.2 Emotionale Moralentwicklung

3.2.1 Gefühl, Emotion oder Affekte? Begriffliche Annäherung

Wenn sich mit der Frage nach dem Verhältnis von Emotionen und Moralentwicklung beschäftigt werden soll, ist zunächst wichtig zu klären, was unter dem Begriff der Emotion verstanden wird. Ein Blick in Psychologie zeigt, dass es unterschiedliche Bemühungen zur Begriffsbestimmung gibt. Der Definition von Bettina Janke zufolge sind Emotionen

> vorübergehende psychische Vorgänge, die durch äußere und innere Reize ausgelöst werden und durch eine spezifische Qualität und einen zeitlichen Verlauf gekennzeichnet sind. Sie manifestieren sich auf mehreren Ebenen: der des Ausdrucks (Stimme, Mimik, Gestik, Körperhaltung), der des Erlebens, der von Gedanken und Vorstellungen, der des Verhaltens und der somatischen Vorgänge.[27]

Begriffe wie „Gefühl", „Stimmung" und „Affekt" werden sowohl in der Alltagssprache als auch in der Fachliteratur oftmals synonym zu „Emotion" gebraucht. Einige Autorinnen und Autoren stellen eine inhaltliche Unterscheidung dieser Begriffe infrage, während andere die Ansicht vertreten, dass bislang keine genauen Kriterien vorliegen, welche die Begriffe voneinander unterscheiden.[28] Gleichwohl hat sich gegenwärtig in der entwicklungspsychologischen Forschung zunehmend dahingehend ein Konsens gebildet, dass Gefühle nur als eine Komponente des Konstruktes Emotion zu betrachten sind.[29] So umfassen sie den Aspekt des Fühlens oder Empfindens, während Emotionen neben den Gefühlen, auch neurophysiologische Reaktionsmuster sowie den motorischen Ausdruck beinhalten,[30] was bedeutet, dass emotionale Reaktionen auch einen körperlichen Ausdruck und damit eine Handlungsdimension aufweisen. Auch konstatieren die Autorinnen und Autoren eine kognitive Komponente des Emotionsphänomens, was mit der bewertenden Informationsverarbeitung des Handelnden begründet

---

[27] Bettina Janke, „*Entwicklung von Emotion*", in: Marcus Hasselhorn/ Wolfgang Schneider (Hg.), *Handbuch der Entwicklungspsychologie*, Göttingen/Bern/Wien u. a. 2007, S. 347.

[28] Julie Klinkhammer/ Marie von Salisch (Hg.), *Emotionale Kompetenz bei Kindern und Jugendlichen. Entwicklung und Folgen*, Stuttgart 2015, S. 14. S. 14.

[29] Klaus Scherer „*Emotion*", in: Stroebe, Wolfgang/ Hewstone, Miles/ Stephenson, Geoffrey (Hg.), *Sozialpsychologie. Eine Einführung*, 3. Überarb. Auflage, Berlin/Heidelberg 1997, S. 298.

[30] Vgl. ebd.; Julie Klinkhammer/ Marie von Salisch (Hg.), *Emotionale Kompetenz*, S. 14.

wird.[31] So liegt die Ansicht nahe, dass die Gefühle einen bestimmten Zustand des Menschen beschreiben, während Emotionen als ein Prozess zu verstehen sind, welcher den Gefühlszustand beinhaltet.

Nach Merten sind „Affekte" zu verstehen als *„kurzfristige und intensive Emotionen, die oft mit einem Verlust der Handlungskontrolle einhergehen"*.[32]

In der vorliegenden Arbeit werden diese drei Begriffe im Kontext von Mitgefühl synonym gebraucht, da wie bereits dargelegt, in der Literatur auch oftmals keine eindeutige Trennung erkennbar ist. Zudem scheint aufgrund der Überlappung der Begriffe eine eindeutige Zuordnung von Mitgefühl komplex zu sein. Wie in Kapitel 4 noch ausführlich dargestellt wird, weist Mitgefühl nämlich sowohl einen Gefühlszustand auf, der aus der Wahrnehmung der Perspektiven und der Situation anderer Menschen resultiert, als auch eine emotionale Reaktion auf diesen Gefühlszustand.[33]

3.2.2 Moralische Gefühle

Die zentrale Frage betrifft das Verhältnis von Gefühl und Moral, insbesondere inwiefern Gefühle dafür verantwortlich sind, dass Menschen eine moralische Haltung und Handlung aufweisen. Laut Lachmann et al. hat Schweitzer fünf Grundformen ethischen Lehrens und Lernens herausgearbeitet: sittliche Elementarbildung, Lernen an Vorbildern, erziehenden Unterricht, Schulleben und Gestaltung der Schule als Institution. Moralische Gefühle sind genauso wichtig wie Glaubensüberzeugungen und die kognitive Reflexion. Im Sinne ganzheitlichen Lernens sind sie auf das gegenseitige Zusammenspiel angewiesen.[34]

Wie eingangs aufgeführt, ist sich die neuere Forschung einig, dass neben der Kognition weitere Dimensionen die Moralentwicklung des Individuums beeinflussen. So wird in der Entwicklungspsychologie seit einigen Jahren die Vehemenz der Emotionen für die menschliche moralische Entwicklung betont.[35] Denn in sozial komplexen Situationen, in denen oftmals die Gefühle das Handeln bestimmen wollen, ist der adäquate Umgang und die Bewahrung einer moralischen Haltung anspruchsvoll. In diesem Sinne wird von „moralischen Gefühlen" (bzw.

---

[31] Vgl. Scherer *„Emotion"*, S. 299.

[32] Jörg Merten, *Einführung in die Emotionspsychologie*, Stuttgart 2003, S. 13.

[33] Vergleiche hierfür Kapitel 4.

[34] Rainer Lachmann u. a. (Hg), *Ethische Schlüsselprobleme. Lebensweltlich-theologisch-didaktisch*, Göttingen 20212, S. 23.

[35] Lindner, *Wertebildung*, S. 45.

moralischen Emotionen) gesprochen, die für das Fällen eines moralischen Urteils eine grundlegende Bedeutung haben. Jonathan Haidt definiert moralische Gefühle als solche, „*that are linked to the interests or welfare either of society as a whole or at least of persons other than the judge or agent*“[36]. In der Literatur werden sie auch als „bewusste“ Gefühle beschrieben (*self-conscious emotions*), die das Verstehen des Selbst in Beziehung zu anderen voraussetzen und somit auch einen kognitiven Bewertungsprozess beinhalten.[37] Keller postuliert, dass kognitive Einsicht zwar eine notwendige Voraussetzung für die Entwicklung eines moralischen Standpunktes darstellt, allein jedoch nicht ausreicht, um moralische Urteile zu bilden. Die emotionale Komponente hingegen wird als entscheidend angesehen, um Situationen im Hinblick auf das Wohlergehen anderer Personen als bedeutsam zu erkennen.[38]

Im Gegensatz zu anderen Gefühlen (wie z. B. Wut oder Angst) besitzen moralische Gefühle eine ethische Dimension und haben daher einen Einfluss auf die moralischen Entscheidungen und Verhaltensweisen.[39] Als prototypische moralische Gefühle gelten Schuld, Scham, Mitgefühl und Reue. Es handelt sich um verschiedene Gefühlszustände, die sich kontextuell entweder auf einen selbst, auf andere oder auf beides beziehen können (*Selbst- bzw. Fremdorientierung*).[40]

In entwicklungspsychologischen Studien werden insbesondere Scham- und Schuldgefühl als diejenigen moralischen Gefühle identifiziert, welche sich auf das Individuum selbst beziehen. Diese Emotionen können in zweifacher Weise auftreten: Menschen können sich zum einen vor einer bestimmten Handlung vorstellen, welche Gefühle bei ihnen ausgelöst werden, z. B. Schuldgefühl, wenn sie sich unethisch verhalten. Diese Bewusstwerdung des Gefühls kann das nachfolgende Verhalten beeinflussen und dementsprechend davon abhalten, sich unethisch zu verhalten. Ausgelöst wird die Vorstellung des Gefühls zumeist aufgrund vorheriger Erfahrungen (antizipierte Emotion). Zum anderen können solche moralischen Gefühle unmittelbar nach einem Verhalten des Menschen auftreten. So empfindet das Individuum z. B. ein Schuldgefühl, wenn es sich unethisch verhalten

---

[36] Tangey, June/ Stuewig, Jeff/ Mashek, Debra, *Moral emotions and moral behavior*, in: Annual review of Psychology (2007), S. 347, URL: https://www.its.caltech.edu/~squartz/Tangney.pdf (letzter Zugriff: 03.09.2023).

[37] Malti / Buchmann, „*Die Entwicklung moralischer Emotionen bei Kindergartenkindern*“, in: Praxis der Kinderpsychologie und Kinderpsychiatrie, 59/7 (2010), S. 546 f. URL: https://www.its.caltech.edu/~squartz/Tangney.pdf (letzter Zugriff: 03.09.2023).

[38] Vgl. Keller, „*Moralentwicklung*“, S. 153.

[39] Vgl. Schwyzer/ Malti, „*Kognition, Emotion, Verhalten*“, S. 28.

[40] Ebd.

hat. Dieses moralische Gefühl kann dazu beitragen, das Verhalten in Zukunft zu beeinflussen.[41]

In einer islamisch-ethischen Perspektive sind die Gefühlszustände des Menschen ebenfalls von entscheidender Bedeutung für sein moralisches Verhalten. Ein zentraler Begriff ist in diesem Zusammenhang *wiǧdān*, abgeleitet aus dem arabischen Wort *waǧd*, welches vielfältige Bedeutungen wie Finden, Reichwerden, Lieben, Traurigsein, Wütendsein beinhaltet.[42] In der „*aḫlāq*"-Literatur wird *wiǧdān* jedoch als das Gewissen beschrieben, welches die treibende Kraft des Menschen darstellt und zur Bewertung moralischer Urteile und Verhaltensweisen dient. Diese wird durch Gefühlszustände beeinflusst, sodass jemand Freude empfindet, falls er/sie sich moralisch gut verhalten hat, oder etwa ein Schuldgefühl hat, falls das eigene Handeln unmoralisch war. In dieser Hinsicht wird Reue (*tawba*) auch als Resultat von Gefühlszuständen wie dem Schuldgefühl beschrieben.[43]

Obwohl der Begriff *wiǧdān* im Koran keine explizite Erwähnung findet, gibt es viele Koranstellen, die auf einen „moralischen Kompass" im Menschen hinweisen, der das menschliche Handeln gemäß moralischen Maßstäben bewertet. Zu diesen Versen gehören oftmals die Verse über das *nafs* (die Seele, das Selbst), das eine enge Beziehung zum Gewissen aufweist.[44]

In den Werken der islamischen Mystik (*taṣṣawwuf*) sind umfangreiche Konzepte zum *nafs* vorhanden, welche den Seelenzustand des Menschen stufenweise darstellen:[45]

- Die *nafs ᵓammāra* drückt den egozentrischen Zustand der Seele aus.
- Die *nafs-lawwāma* drückt den reflektierenden und selbstprüfenden Zustand der Seele aus.

[41] Tangey / Stuewig/ Mashek, „*Moral emotions*", S. 347.

[42] Osman Demir, „*al-wiǧdān. Vicdan*, in: TDV Islâm Ansiklopedisi, Bd. 43, Istanbul 2013, S. 100.

[43] Vgl. ebd. S. 101.

[44] Nuriye Inci, „*Muhâsibi'nin Eserlerinde Vicdanın Kavramsal ve Problematik Zemini*", in: Journal of islamic Research (2022), 33(2), S. 579 f.

[45] Die Frage nach dem *nafs* sowie seiner Konzeptionalisierung bedarf tiefgründigerer Darstellung. In dieser Arbeit kann allerdings nur verkürzt die relevanten Aspekte aufgegriffen werden, da dieser sonst den Rahmen dieser Arbeit sprengen würde. Auch ist wichtig anzumerken, dass weitere Stufen des *nafs* in der mystischen Literatur aufgezeichnet werden, die aus bereits genannten Gründen nicht aufgeführt werden konnten.

- Die *nafs-mutmaʾinna* drückt denjenigen Seelenzustand aus, der mit moralischen und religiösen Werten harmoniert.[46]

Es stellt ein spirituelles Ziel dar, die dritte Stufe zu erreichen, sich also möglichst von egoistischen Motiven zu lösen und Selbstreflexion zu erwerben, sodass moralische und religiöse Werte verinnerlicht werden. In diesem Selbstbildungsprozess ist letztendlich das Gewissen von entscheidender Bedeutung, da dieses der Seele ein Feedback über das Verhalten gibt und dazu beiträgt, die spirituelle und moralische Entwicklung in Richtung einer vollkommenen Seele (*nafs mutmaʾinna*) zu fördern. Der Zusammenhang von Seele und Gewissen wird deutlich: Sie beschreiben unter diesem Blickwinkel die Fähigkeit, zwischen Richtig und Falsch zu unterscheiden, was aus der Fähigkeit des Menschen resultiert, sich guten und schönen Dingen zuzuwenden und sich von schlechten Dingen fernzuhalten.[47]

Diese wird exemplarisch an den beiden folgenden Koranversen deutlich:

> „Bei einer Seele und dem, der sie gestaltete und ihr Gottesferne und Gottesfurcht einpflanzte! Wohl ergeht es dem, der sie reinhält, doch gescheitert ist, wer sie beschmutzt."[48]
>
> „O du befriedete Seele, kehre heim zu deinem Herrn, glücklich und zufrieden, und tritt ein zu meinen Knechten, und tritt ein in meinen Garten!".[49]

Die Korankommentatoren, die sich mit den Versen über das *nafs* beschäftigt haben, wie z. B. Elmalılı, weisen darauf hin, dass Gott jedem *nafs* ein Gefühl eingepflanzt hat, mit dem der Mensch das Gute, Richtige, das Nützliche und das Schädliche erkennen kann, da der Verstand allein nicht immer das Vorzüglichere erkennen kann.[50] Diese (angeborene) Fähigkeit betrachten sie als eine Voraussetzung für religiöse und moralische Verantwortung.[51] Angesichts dieser Darstellungen erweisen sich Gefühle wie das Schuldgefühl in islamischer Perspektive als bedeutsam, weil sie die religiöse und moralische Entwicklung des Menschen beeinflussen. Gleichzeitig wird aus einer theologischen Perspektive die Dependenz von Gefühlen und ethischen Verhaltens sowie diese zur spirituellen und religiösen Entwicklung ersichtlich.

---

[46] Demir, *„al-wiğdān"*, S. 101.

[47] Inci, „*Vicdan*", S. 578 f.

[48] Koran 91/7–10.

[49] Koran 89/27–30.

[50] Vgl. Elmalılı Muhammed Yazar, *Hak dini kur'an dili*, Bd. 9, Istanbul 2015, S. 262 f.

[51] Demir, *„al-wiğdān"*, S. 101.

In Bezug auf die fremdbezogenen Gefühle hat die Entwicklungspsychologie insbesondere Empathie und Mitgefühl erforscht. Die Bemühungen von Hoffmann und Eisenberg weisen Empathie als zentrale Komponente der Moralentwicklung aus. Weitere Studien konstatieren hingegen, dass erst die affektive Komponente des empathischen Mitgefühls das moralische und prosoziale Handeln im Hinblick auf die Einschätzung des Wohlergehens anderer möglich macht.[52] Angesichts dieser Feststellung widmet sich das vierte Kapitel dem empathischen Mitgefühl und versucht seine Relevanz für das moralische Urteilen und Handeln aufzuzeigen.

3.2.3 Zur Entwicklung moralischer Gefühle

Keller und Malti haben aus den Erkenntnissen verschiedener Studien ein theoretisches Modell entworfen, mit dem sie die Entwicklung moralischer Gefühle in der Kindheitsphase beschreiben.

- Stufe 1 (bis 6. Lebensjahr): Kinder auf dieser Stufe können moralische Gefühle identifizieren und die negativen emotionalen Folgen bei anderen im Falle der Verletzung moralischer Regeln einschätzen. Dennoch berücksichtigen sie diese Gefühle nicht bei ihren eigenen moralischen Entscheidungen und können sogar annehmen, dass sich jemand nach einer moralischen Regelverletzung gut fühlt.
- Stufe 2 (ab ca. 7. Lebensjahr bis Adoleszenz): Auf dieser Stufe werden sich Kinder zunehmend bewusst, dass negative moralische Verhaltensweisen nicht nur andere betreffen, sondern gleichzeitig auch negative Gefühle (wie z. B. Schuldgefühl) beim Selbst auslösen können. In diesem Stadium werden die Kinder fähig, eigene und fremde Perspektiven zu kombinieren.
- Stufe 3 (Adoleszenz): Auf dieser Stufe hat sich das moralische Selbst bei Jugendlichen größtenteils entwickelt. Positive moralische Gefühle werden in der Adoleszenz mit der Übereinstimmung der Werte in Zusammenhang gebracht, während bei Nichteinhaltung der moralischen Regeln negative moralische Gefühle (wie z. B. Schuldgefühl) entstehen.[53]

---

[52] Schwyzer / Malti, „*Kognition, Emotion, Verhalten*", S. 28.

[53] Aufzählung folgt: Lindner, *Wertebildung*, S. 46 f.

Das Modell verdeutlicht, dass sich moralische Gefühle mit zunehmendem Alter entwickeln und mit der kognitiven Reife und der Fähigkeit zur Perspektivenübernahme einhergehen.[54] Darüber hinaus konnte Monika Keller mit einer Studie mit finnischen und chinesischen Kindern aufzeigen, dass die Entwicklung moralischer Gefühle durch die jeweilige Kulturzugehörigkeit beeinflusst wird.[55]

Daraus ist die Schlussfolgerung zu ziehen, dass moralische Gefühle „komplexere Gefühle" sind, die sich aus mehreren Komponenten zusammensetzen. Hierbei trägt vor allem auch die kognitive Einsicht eine wesentliche Bedeutung, durch welche die Fähigkeit zur Wahrnehmung und das Verständnis der Situation ermöglicht wird. Allerdings weisen AutorInnen wie Keller darauf hin, dass die emotionalen Aspekte wie Betroffenheit, entscheidend sind, um eine moralische Haltung zu entwickeln.[56] Angesichts der vorgestellten Ergebnisse wird die Schule mit der Förderung emotionaler Kompetenzen in Berührung gebracht. Eine Einbeziehung moralischer Gefühle im Wertebildungsprozess des Religionsunterrichts bedarf insgesamt emotionaler Kompetenz. Wie Ergebnisse der Entwicklungs- und Bindungsforschung deutlich machen,[57] sind diese auch mit sozialen Kompetenzen verbunden.

> Wenn jedoch ständig praktizierte Verhaltensweisen in einem größeren Ausmaß verändert werden sollen, muss das Individuum die Möglichkeit haben, seine Gefühle und Einstellungen zu dem Gegenstand zu prüfen, sie nach außen hin zu zeigen, zu sehen, wie sie zu den Gefühlen und Ansichten von anderen stehen und schließlich von der intellektuellen Bewusstheit eines Verhaltens oder Handelns überzugehen zu einer wirklichen Bindung an das neue Verhalten in der Praxis.[58]

---

[54] Vgl. ebd. S. 47.

[55] Vgl. Monika Keller, „*Moralentwicklung und moralische* Sozialisation", in: Detlef Horster / Jürgen Oelkers (Hg.), *Pädagogik und Ethik*, Wiesbaden 2005, S. 164.

[56] Elfriede Brillmann- Mahecha / Detlef Horster, „*Wie entwickelt sich moralisches Wollen?*", in: Detlef Horster / Jürgen Oelkers (Hg.), *Pädagogik und Ethik*, Wiesbaden 2005 S. 198. Keller, „Moralentwicklung", S. 153.

[57] Kohler-Spiegel, „*Emotionen aus religionspädagogischer Perspektive*", S. 124.

[58] David R. Krathwohl / Benjamin S. Bloom / Bertram B. Masia (Hg.), *Taxonomie von Lernzielen im affektiven Bereich*, Weinheim/Basel ^{2}1978, S. 77.

3.3 Impulse für den Religionsunterricht

Die Bedeutung der emotionalen Dimension in der Wertebildung wird insbesondere mit dem entwicklungspsychologischen Konzept der sozial-emotionalen Entwicklung dargestellt. Schwyzer und Malti[59] zeigen in ihren Ausführungen mit diesem Modell die Bedeutung von moralischen Gefühlen im Zusammenhang mit dem menschlichen neurobiologischen System, Verhalten und den sozialen Erlebnissen und gehen demnach von einer engen Verbindung zwischen moralischen Gefühlen und prosozialen Haltungen und Handlungen aus.[60] Die sozial-emotionale Entwicklung umfasst drei Aspekte:

„1. Das Verständnis und Erfahren von eigenen komplexen Emotionen und dessen Ausdruck (z. B. Schuld im moralischen Kontext)
2. Das Verständnis und Miterfahren komplexer Emotionen bei anderen (z. B. Empathie im moralischen Kontext)
3. Die Fähigkeit zur Emotionsregulation.“[61]

Die ersten beiden Aspekte der sozial-emotionalen Entwicklung beschreiben die menschliche Fähigkeit, zu erkennen, ob eine Emotion vorwiegend auf das Selbst (selbst-evaluative Emotionen, z. B. Schuldgefühl) oder auf andere Personen (z. B. Mitgefühl) gerichtet ist. Auch eine Kombination beider kann vorliegen. Insgesamt scheint die Wahrnehmungsfähigkeit zentral zu sein, die das Erkennen und Verstehen der selbstbezogenen oder fremdbezogenen Emotionen möglich macht. Auch Achtsamkeit hat in diesem Kontext eine große Bedeutung.[62] Der dritte Aspekt in der Ausführung von Malti und Schwyzer hingegen befasst sich mit der angemessenen Regulierung dieser Emotionen. Eine Unter- oder Überregulation der Gefühle würde bedeuten, die Gefühle nicht entsprechend kontrollieren zu können.[63] Die Funktion von Emotionen in der Moralentwicklung sowie die Emotionsregulierung wurde von Eisenberg umfassend untersucht.[64] Sie stellte verschiedene Emotionen für den Kontext der Moralentwicklung (wie etwa Scham, Schuld, Mitgefühl) vor. Besonders in Bezug auf die Regulierung von negativen

---

[59] Schwyzer / Malti, *„Kognition, Emotion, Verhalten“*, S. 27.

[60] Vgl. Ebd.

[61] Ebd.

[62] Işık, *Kultivierung des Selbst*, S. 234.

[63] Schwyzer / Malti, *„Kognition, Emotion, Verhalten“*, S 27.

[64] Eisenberg, *„Emotion, Regulation, and Moral Development”*, in: Annual Review of Psychology 51 (2000), S. 686 f.

Emotionen,[65] wie z. B. Wut, betont sie die besondere Wirkung externer Quellen zur Hemmung aggressiver Verhaltensweisen.[66]

Dieser Regulierungsprozess lässt sich bereits in der frühen und mittleren Kindheit erkennen und ist zunächst auf externe Regulierungsquellen, wie z. B. Eltern oder weitere Bezugspersonen, zurückzuführen. Ab dem vierten Lebensjahr seien vor allem interne Regulierungsquellen, wie z. B. Selbstberuhigung, zu erkennen. Den Ergebnissen entwicklungspsychologischer Forschungen zufolge nimmt die Fähigkeit zur emotionalen Kontrolle sowie die Anpassungsfähigkeit von Emotionen während der Kindheit und Jugend kontinuierlich zu, was mit dem kognitiven Reifungsprozess zusammenhängt.[67]

Dieser Ansatz der sozial-emotionalen Entwicklung ist insofern von Bedeutung für die Entwicklung von Werthaltungen, als er die besondere Wichtigkeit moralischer Gefühle für das prosoziale Verhalten unterstreicht. Menschen, die in der Lage sind, die eigenen oder fremden Gefühle entsprechend deuten und angemessen regulieren zu können, sind besser in der Lage, moralische Haltungen zu zeigen und zu erkennen sowie entsprechende Handlungen auszuführen.[68]Zur Konkretisierung soll sich das Beispiel von Schwyzer und Malti angeführt werden: „z. B., wenn ein anderes Kind mit einem begehrten Spielzeug spielt, nicht zuzuschlagen, sondern mit einem anderen Spielzeug zu spielen."[69] Vor allem bei älteren Kindern wird ersichtlich, dass die kognitive Reifung Einfluss auf die Selbstregulierung hat. In diesem Sinne lässt sich festhalten, dass die Fähigkeit zum Erkennen von eigenen und fremden Emotionen sowie der adäquate Umgang mit diesen vor allem in sozial komplexen Situationen fundamental ist. Die kognitive Reifung ist bei dem Regulierungsprozess ebenfalls von entscheidender Bedeutung, was die Interdependenz zwischen Emotion und Kognition unterstreicht.

[65] In der psychologischen Forschung wird darüber debattiert, wie man eine Emotionsaufteilung vornehmen kann. Dabei sind verschiedene Ansichten vertreten, die eine einheitliche Kategorisierung erschweren. Allerdings hat sich mittlerweile eine große Zustimmung darüber gebildet, zwischen positiven und negativen Emotionen zu unterscheiden. Diese Differenzierung resultiert aus Bewertungsprozesse und hängt oft von den Zielen oder Absichten einer Person ab. Vgl. Klinkhammer/von Salisch, *Emotionale Kompetenz*, S. 15.

[66] Eisenberg, "*Emotion, Regulation, and Moral Development*", S. 686 f.

[67] Schwyzer / Malti, *Kognition, Emotion, Verhalten*", S. 27.

[68] Ebd. S. 28.

[69] Ebd. S. 27.

4 Mitgefühl

Der Diskurs zur Frage nach dem Mitgefühl beschäftigt viele WissenschaftlerInnen aus dem Bereich der Psychologie sowie weiteren Disziplinen. Auch wenn *Mitgefühl* im alltagssprachlichen Gebrauch oft Anwendung findet und eine wichtige Komponente der sozio-emotionalen Entwicklung im Hinblick auf die Förderung prosozialer Handlungen darstellt, wird dieses Phänomen in der wissenschaftlichen Forschung kaum aufgegriffen. Stattdessen bestimmt der Terminus *Empathie* die einschlägige Literatur.[1] Warum die Verwendung des Begriffes Mitgefühl anstelle von Empathie an vielen Stellen sinnvoller ist, wird im Folgenden näher beleuchtet.

In der aktuellen Fachliteratur lässt sich zunehmend eine Auseinandersetzung mit Gefühlen und Emotionen im Schul- und Bildungskontext feststellen, bei der auch Mitgefühl eine bedeutsame Stellung einnimmt und durch interdisziplinäre Zugänge geprägt ist. Aus dieser resultiert ein ‚Bedeutungspluralismus', was eine eindeutige Begriffsbestimmung des Terminus Mitgefühls erschwert. Die Schwierigkeit der Begriffsbestimmung begründet sich insbesondere durch den unterschiedlichen Begriffsgebrauch der Wissenschaftsdisziplinen – bspw. wird der Begriff ‚*Empathie*' in den Sozialwissenschaften präferiert, in der Philosophie demgegenüber der Begriff ‚*Mitgefühl*'.[2] Darüber hinaus erschweren Synonyme aus anderen Sprachen wie dem Griechischen, Lateinischen und Englischen ebenfalls eine Konkretisierung des Begriffs.[3] Das vorliegende Kapitel begegnet diesem

[1] Vgl. Kienbaum, „*Begrifflichkeiten*", S. 11; Naurath, *Mit Gefühl gegen Gewalt*, S. 63.

[2] Barbara Weber, *Vernunft, Mitgefühl und Körperlichkeit. Eine phänomenologische Rekonstruktion des politischen Raumes*, München 2013, S. 59.

[3] Vgl. Naurath, *Mit Gefühl gegen Gewalt*, S. 63–64.

G. Aydin, *Die Signifikanz von (Mit-)Gefühl für die ethische Bildung in der Islamischen Religionspädagogik*, BestMasters,
https://doi.org/10.1007/978-3-658-46770-8_4

Problem, indem es die verschiedenen interdisziplinären Ansichten vorstellt und die ausschlaggebenden unterscheidenden Nuancen der verwandten Begriffe wie Empathie, Mitleid, Gefühlsansteckung etc. aufzeigt. Aus dieser Begriffsanalyse ergibt sich ferner, warum in dieser Arbeit der Begriff Mitgefühl vorgezogen wird (Abschnitt 4.1.). Abschnitt 4.2 widmet sich der Frage, in welchem Verhältnis Mitgefühl und prosoziales Verhalten stehen, und bedient sich der Ergebnisse der Altruismusforschung. Anschließend wird vorgestellt, wie sich Mitgefühl über die Lebensspanne entwickeln kann, um daraus Konsequenzen für die Islamische Religionspädagogik zu ziehen (Abschnitt 4.3.).

4.1 Mitgefühl: Begriffsbestimmung und Einordnung

Die Begriffsbestimmung von *Mitgefühl (engl. sympathy, empathic concern oder compassion)* bezeichnet ein komplexes Konstrukt, welches im Sprachgebrauch sowie in einigen einschlägigen Publikationen mit Begriffen wie Empathie oder Mitleid synonym verwendet wird. Im Allgemeinen beschreiben diese Phänomene, die als Einfühlung, Gefühlsansteckung, Mitleid oder Mitgefühl bezeichnet werden, eine emotionale Reaktion einer Person auf das Leiden bzw. die Schwierigkeiten einer anderen Person.[4] In der Fachliteratur werden kontroverse Ansichten über die Frage, ob es sich beim Mitgefühl um ein kognitives oder affektives Phänomen handelt, vertreten.[5] Naurath unterstreicht den Gefühlsaspekt von Mitgefühl im Sinne von Mit-*Fühlen* und betont den Vorrang der affektiven Komponente gegenüber der kognitiven.[6] Demgegenüber weisen Autoren wie Nussbaum auch auf die kognitive Ebene von Emotionen wie Mitgefühl hin, die neben der affektiven Ebene existieren.[7] Auch entwicklungspsychologische Befunde offerieren Erklärungen, mit deren Hilfe sich die kognitive Disposition im Mitgefühl nachvollziehen lässt, wenn es bspw. darum geht, die eigenen Gefühle

---

[4] Kienbaum, „Begrifflichkeiten", S. 11 f.

[5] Petermann / Wiedebusch, *Emotionale Kompetenz*, S. 43.

[6] Vgl. Elisabeth Naurath, *„Perspektiven einer Praktischen Theologie der Gefühle"*, in Roderich Barth u. a. Zarnow (Hg.), *Theologie der Gefühle*, Berlin u. a. 2015, S. 212.

[7] Marion Stahl, *„Vulnerabilität und politische Emotionen. Phänomenologische und ethische Reflexion"*, in: Alexander Nikolai Wendt (Hg.), *Emotionalität und Intersubjektivität im interdisziplinären phänomenologischen Diskurs*, Heidelberg 2021, S. 49.

von fremden unterscheiden zu können.[8] Dies setzt nämlich die Entwicklung kognitiver Fähigkeiten voraus, wie die Entwicklungsforschung aufzeigen konnte.

4.1.1 Mitgefühl in Abgrenzung von Mitleid: begriffsgeschichtliche Entwicklung

„Da diese Identifikation mit Mitleid Wirklichkeit wird, lebt nur der Mitleidige seinem Wesen entsprechend."

(Joachim Koffler)[9]

Der Mitleidsbegriff hat in der christlichen Theologie eine herausragende Bedeutung. Er beschreibt im Allgemeinen die *„Eigenschaft, am konkreten Leiden eines anderen teilzunehmen und sich einzufühlen sowie daraus Konsequenzen für das eigene ethische Verhalten zu ziehen.*"[10] Aus einer begriffsgeschichtlichen Perspektive ist er mit einer christlichen Konnotation versehen und wird im Lateinischen als *compassio* übersetzt.[11] Sie steht im Gegensatz zu *Mitgefühl* im Vordergrund lexikalischer Literatur. Sowohl in der Theologischen Realenzyklopädie (TRE) als auch im neu aufgelegten Lexikon für Theologie und Kirche (LThK) wird das Thema *Mitleid* umfangreich thematisiert, während das Stichwort *Mitgefühl* keine Erwähnung findet.[12] Dies lässt sich möglicherweise damit erklären, dass im Alten Testament und im Christentum Mitleid *„mit der Liebe, dem Erbarmen und der Barmherzigkeit eine Eigenschaft Gottes und eine der ersten Forderungen an den Menschen (Nächstenliebe)*" in Verbindung gebracht wird.[13]

Gleichwohl konstatieren Theologen wie Falk Wagner, dass die Thematik des Mitleids eher in der philosophischen Ethik als in der theologischen Ethik zu verorten ist. Denn theologische Prinzipien wie Barmherzigkeit und Nächstenliebe (o. Ä.) seien höher zu bewerten als Gefühle und daher nicht mit Mitleid

---

[8] In diesem Beitrag wird der Begriff Empathie verwendet. Da Petermann und Wiedebusch zwischen der Empathie und Mitgefühl begrifflich nicht differenzieren, wird diese Beschreibung auf Grundlage seines Sinngehaltes als Mitgefühl betrachtet. Vgl. Petermann / Wiedebusch, Emotionale Kompetenz, S. 43.

[9] Joachim Koffler, *Mit-Leid. Geschichte und Problematik eines ethischen Grundwortes,* Echter 2001, S. 104

[10] *Teschmer, Weg zur Werte-Bildung*, S. 108.

[11] Vgl. Ebd. S. 108.

[12] Vgl. Naurath, *Mit Gefühl gegen Gewalt,S. 68.*

[13] Vgl. Arnim Regenbogen / Uwe Meyer (Hg.), *Wörterbuch der philosophischen Begriffe,* S. 416.

gleichzusetzen.[14] *„Barmherzigkeit wie Nächstenliebe erschöpfen sich nicht wie das Mitleid in der Gefühlsregung für das Leid anderer, vielmehr gelangen sie erst in der tätigen Hilfe zum Ziel.“*[15] Damit unterstreicht Wagner, dass Barmherzigkeit und Nächstenliebe über die bloße emotionale Regung hinausgehen und in konkreter Handlung und Hilfe für andere Menschen ausgedrückt werden. Naurath kritisiert an dieser Herangehensweise die Trennung von Gefühl und Handlung, die dazu führt, dass die emotionale Grundlage des Handelns abgewertet wird.[16]

Innerhalb der deutschen Geisteswissenschaft des 18. und 19. Jahrhunderts beschäftigen sich Philosophen wie Immanuel Kant (1724–1804) und Arthur Schopenhauer (1788–1860) eingehend mit der Frage nach der Bedeutung von Mitleid im Hinblick auf seine Relevanz für das moralische Verhalten von Menschen. Vor allem für Schopenhauer stellt Mitleid eine wichtige Tugend und die Grundlage moralischen Handelns dar.[17]

> „Ausgangspunkt der Schopenhauerschen Grundlage von Moral ist die deskriptive Beschreiung, wie sich ethisches Handeln in der Welt vollzieht. Mit diesem empirischen Ansatz wendet er sich strikt gegen den kategorischen Imperativ Kants, der a priori aus der reinen Vernunft eine Ethik des Sollens entwickelt hatte. Motivation zu ethischem Handeln könne nicht aus Pflichtgefühl entstehen, sondern nur aus egoistischen Motiven des Selbstantriebs. Weil aber die Einheit aller Lebewesen vorausgesetzt wird, liegt als Überschreiten der Individualität das Fundament der Ethik.“[18]

Schopenhauer lehnt sich an die Ausführungen von Jean Jacques Rousseau (1712–1778), der Mitleid als eine angeborene Kompetenz betrachtet und sie als Grundlage der Moral beschreibt.[19] Im Gegensatz dazu sieht Kant Mitleid nicht als Tugend an, sondern beschreibt diesen Zustand als eine vorübergehende Stimmung.[20] Auch andere Philosophen, wie z. B. Friedrich Nietzsche (1844–1900) widmen sich der Frage nach der Bedeutung von Mitleid und kommen teilweise

---

[14] Vgl. Falk Wagner, *„Art. Mitleid“*, In: Tre 23, Berlin/New York 1994, S. 105; Naurath, *Mit Gefühl gegen Gewalt,* S. 69.

[15] Wagner, Falk, *Mitleid*, S. 105.

[16] Naurath, *Mit Gefühl gegen Gewalt*, S. 69.

[17] Vgl. Teschmer, *Weg zur Werte-Bildung*, S. 109

[18] Naurath, *Mit Gefühl gegen Gewalt*, S. 71.

[19] Vgl. Teschmer, *Weg zur Werte-Bildung*, S. 109.

[20] Vgl. ebd.; Kienbaum, *„Begrifflichkeiten“*, S. 11.

zu ambivalenten Ergebnissen. So erweist sich nach Nietzsche Mitleid insofern ungünstig, als es lediglich den Kummer auf der Welt vermehre.[21]

AutoInnen wie die Germanistin Käte Hamburger (1896–1992) konnten in ihren Untersuchungen eine Bedeutungsveränderung von Mitleid aufzeigen und diese Veränderung literarisch auf das 18. Jahrhundert zurückdatieren. Obwohl dieser Begriff ursprünglich fast ausschließlich im Kontext emotionaler Teilnahme verwendet wurde, erhielt er im Laufe der Zeit eine unkonventionelle Bedeutung. Dieser ging mit einem mitleidigen Lächeln einher und beinhaltete eine Überheblichkeitskomponente, sodass das ursprüngliche Mitfühlen vollständig verloren ging.[22] Übrig bleibt Naurath zufolge der pejorative Klang in „du tust mir leid", der leidenden Person einen minderwertigen Status zuschreibt.[23] Ausgehend hiervon grenzt die zuletzt genannte Autorin die Termini Mitleid und Mitgefühl in religionspädagogischer Perspektive ab:

> „Denn im Gegensatz zum Mitleid begründet es [Mitgefühl] ein Beziehungsverständnis, das [...] nicht hierarchisch bestimmt ist, sondern die Subjektivität der Partner bzw. Partnerinnen wahrt. So ist der Begriff des Mitgefühls positiver und prägnanter, da auf affektiver Ebene durchaus identifikatorische Nähe geschehen kann – ohne jedoch Identität zu proklamieren. Dies meint: in der Betroffenheit mit dem Leid eines anderen Menschen (oder auch Tieres) wird ein Mit-sein *gefühlt*, wobei die Personengrenze klar gewahrt bleiben."[24]

Im Terminus *Mitgefühl* ist also der Gefühlsaspekt als Mit-*Fühlen* zentral,[25] nicht das Mit-*Leiden*. Das heißt, der Mitfühlende erinnert sich an die eigenen Schmerzen oder stellt sich das Schmerzerleben anderer vor, ohne dass eigenes Leid vorliegt. Somit wird eine bestimmte Personengrenze gewahrt. „Nur wenn die Grenzen zum anderen als einen Fremden gewahrt bleiben, ist der Gefahr einer Verobjektivierung Einhalt geboten."[26] Die Priorisierung des Mitgefühlsbegriffes im Gegensatz zum Terminus Mitleid in Theologie und Religionspädagogik

---

[21] Vgl. Teschmer, *Weg zur Werte-Bildung*, S. 110.

[22] Vgl. Käte Hamburger, *Das Mitleid*, Stuttgart 1985, S. 81 f.

[23] Vgl. Naurath, *Mit Gefühl gegen Gewalt*, S. 69.

[24] Elisabeth Naurath. *Die emotionale Entwicklung von Beziehungsfähigkeit fördern. Religionspädagogische Ziele in der Begegnung und im Zusammenleben mit Kindern*, in: Bibel und Liturgie, 82/2, Klosterneuburg 2009, S. 109.

[25] Vgl. Naurath, *Mit Gefühl gegen Gewalt*, S. 67.

[26] Ebd. S. 70; Vgl. Teschmer, *Weg zur Werte-Bildung*, S. 111.

begründet sich demnach in der Bewahrung der respektvollen Beziehung zwischen den Partnern, was einerseits die Individualität wahrt und andererseits eine emotionale Verbindung zu der betroffenen Person ermöglicht. In Tabelle 4.1 sind die beiden Phänomene nochmals gegenübergestellt.

Tab. 4.1 Gegenüberstellung von Mitgefühl und Mitleid. (Eigene Darstellung)

	Mitgefühl	Mitleid
Emotionale Bewertung	Positiv	Negativ
Beziehungsebene	Beziehung auf Augenhöhe	Hierarchisches Gefälle
Personengrenze	Personengrenze/Individualität wird bewahrt	Keine klare Personengrenze vorhanden
Persönliche Beteiligung	Man *stellt* sich das Leid anderer *vor*	Man *identifiziert* sich selbst mit dem Leid anderer

Auch ist eine begriffliche Vielschichtigkeit des Terminus „Mitgefühl" zu erkennen, der im Gegensatz zum Mitleidsbegriff die Perspektive des Mitfreuens oder Mithoffens beinhaltet, welche sich durch eine dezidiert wohlwollende, auf Verbundenheit ausgerichtete Haltung auszeichnet.[27] Demzufolge ist es problematisch, Mitleid und Mitgefühl synonym zu gebrauchen, da sie sich im Hinblick auf den emotionalen Aspekt, die hierarchische Komponente und die Handlungsorientierung unterscheiden sowie Mitgefühl positiver konnotiert ist und daher in theologischer und religionspädagogischer Literatur priorisiert wird. Wie mehrmals angesprochen, ist dennoch in der einschlägigen Literatur der synonyme Gebrauch feststellbar.

Vor dem Hintergrund dieser Ergebnisse soll es im Weiteren darum gehen, das Verhältnis von Mitgefühl und Empathie genauer zu analysieren, indem zu klären versucht wird, *was Mitgefühl ist und in welcher Beziehung Mitgefühl und Empathie zueinanderstehen.* Diese Fragen sollen mithilfe des folgenden Beitrages geklärt werden.

[27] Naurath, „*Theologie der Gefühle*", S. 212.

4.1.2 Zum Verhältnis von Mitgefühl und Empathie

Die Termini Mitgefühl und Empathie werden in der einschlägigen Literatur häufig synonym gebraucht oder verwechselt.[28] Die neuesten emotionspsychologischen Studien legen allerdings nahe, dass Empathie eine übergeordnete Kategorie von weiteren Gefühlszuständen (wie Mitgefühl) darstellt und plädieren daher für eine Abgrenzung im terminologischen Gebrauch.[29] Der *phänomenalen* Definition[30] von Doris Bischof-Köhler (1989) zufolge ist Empathie zu verstehen als „die Erfahrung, unmittelbar der Gefühlslage oder auch der Intention eines anderen teilhaftig zu werden und sie dadurch zu verstehen. Trotz dieser Teilhabe bleiben Gefühl bzw. Intention aber anschaulich den anderen zugehörig."[31] Die Fähigkeit zur Gefühlsinterpretation und zur Perspektivübernahme verdeutlicht eine kognitive Ausrichtung des Empathiebegriffs, die ihn von der *Gefühlsansteckung* abgrenzt. Bei letzterer wird die Person, die beobachtet oder involviert ist, von der Gefühlslage des anderen ergriffen wird und übernimmt sie unbewusst als ihre eigenen, ohne sich dessen bewusst zu sein, dass die Emotionen des anderen der Auslöser sind. [32] Vor allem bei Kindern vor dem 18. Lebensmonat ist diese fehlende Ich-Andere-Trennung geläufig.[33]Auch ist Empathie von der *Perspektivenübernahme* zu unterscheiden, bei der die Situation des anderen rein rational

[28] So z. B. in den Aufsätzen von Wolfgang Friedlmeier oder Gisela Trommsdorff. Vgl.: Wolfgang Friedlmeier/ Gisela Trommsdorff: „*Entwicklung von Empathie*", in: Gertraud Finger u. a. (Hg.): *Frühförderung. Zwischen passionierter Praxis und hilfloser Theorie*, Freiburg i. Br. 1992, S. 144.

[29] Naurath, *Mit Gefühl gegen Gewalt*, S. 66.

[30] Doris Bischof Köhler empfiehlt Empathie aus zwei unterschiedlichen Ebenen zu definieren. Die *phänomenale* Definition einerseits sei rein deskriptiv und versuche zu beschreiben, wie sich Empathie subjektiv anfühlt. Sie versucht im Allgemeinen die emotionalen und kognitiven Aspekte des Empathieerlebens zu erfassen. Die *funktionale* Definition von Empathie hingegen beschäftigt sich mit den Reizen und äußeren Bedingungen, die Empathie auslösen. In dieser Arbeit wird die funktionale Definition weiter nicht angeführt (Vgl. hierfür: Doris Bischof-Köhler, *Soziale Entwicklung in Kindheit und Jugend. Bindung, Empathie, Theory of Mind*, Stuttgart 2011, S. 260–261).

[31] Bischof-Köhler, *Soziale Entwicklung in Kindheit und Jugend*, S. 261.

[32] Vgl. ebd.; Das im vorherigen Kapitel beschriebene Phänomen Mitleid ist daher nicht eindeutig von der Gefühlsansteckung oder dem Unbehagen abzugrenzen, da in all diese Situationen der Beobachter bzw. Beobachterin sich von den Gefühlen des anderen leiten lassen. Vgl. Kienbaum, „*Begrifflichkeiten*", S. 15.

[33] Vgl. Kienbaum, „*Begrifflichkeiten*", S. 13.

erfasst wird, ohne selbst emotional an der Stimmung beteiligt zu sein.[34] *Einfühlung* und *Mitempfindung* hingegen können nach Bischof-Köhler als Synonyme von Empathie gelten. So beschreiben sie *„die stellvertretende Übernahme des anderen Erlebnisausdrucks, gleichsam für das erfassende Fühlen eines am anderen wahrnehmbaren Gefühl, das aber [...] dem anderen gehört [...].“*[35]

Das Erleben von Empathie kann allerdings zu unterschiedlichen motivationalen Zuständen führen. Auf der einen Seite kann sie *Mitgefühl* hervorbringen als eine Motivation zur Hilfeleistung, indem sie den Wunsch weckt, Anderen in schwierigen Situationen beizustehen. Auf der anderen Seite können durch Empathie aber auch negative und antisoziale Motive entstehen, wie etwa Unbehagen (distress) oder sogar Schadenfreude, bei der Leid oder Unglück anderer Menschen Befriedigung oder Genugtuung bei der beobachtenden Person auslöst. Damit ist Empathie ein komplexes Phänomen, welches an sich wertneutral ist und keine inhärenten moralischen Eigenschaften aufweist. Sie kann allerdings sowohl für positive und prosoziale als auch negative und antisoziale Zwecke genutzt werden.[36] Demnach ist Mitgefühl *„eine mögliche Folge des einfühlenden Verstehens der Notlage einer anderen Person (Empathie)“*[37] und wird insgesamt der Empathie untergeordnet. Folgende Definition soll für diese Arbeit zugrunde gelegt werden: *„Mitgefühl oder mitfühlende Empathie (sympathy) beschreibt [...] einen engeren Begriff von Empathie: gemeint sind die in erster Linie affektiven Reaktionen, die im Beobachten einer misslichen Situation zugunsten der/des Notleidenden hervorgerufen werden“*.[38]

Daraus lässt sich schließen, dass *Empathie* der erste Schritt ist, um *Mitgefühl* zu entwickeln, und auch eine kognitive Dimension beinhaltet. Sie macht es nämlich möglich, die Gefühle und die Situation anderer Menschen zu verstehen und sich in sie hineinzuversetzen. Dadurch kann erst *Mitgefühl* entstehen, welches über die Empathie hinausgeht und das tiefe Verständnis und die emotionale Reaktion auf das Leiden anderer beinhaltet, verbunden mit einer prosozialen Responsivität. Auf Mitgefühl folgen daher i. d. R. altruistische Handlungen. [39] Die folgend aufgeführte Abbildung 4.1 stellt diese Beziehung zwischen der Empathie und den weiteren Phänomenen dar:

[34] Vgl. Bischof-Köhler, *Soziale Entwicklung in Kindheit und Jugend*, S. 261.

[35] Naurath, *Mit Gefühl gegen Gewalt*, S. 66 f.

[36] Vgl. Kienbaum, *„Begrifflichkeiten“*, S. 13.

[37] Ebd. S. 14.

[38] Naurath, *Mit Gefühl gegen Gewalt*, S. 122.

[39] Kienbaum, *„Begrifflichkeiten“*, S. 14, 186.; Die Erklärung und Thematisierung von Altruismus im Zusammenhang mit Mitgefühl wird unter Abschnitt 5.2. ausführlich dargestellt.

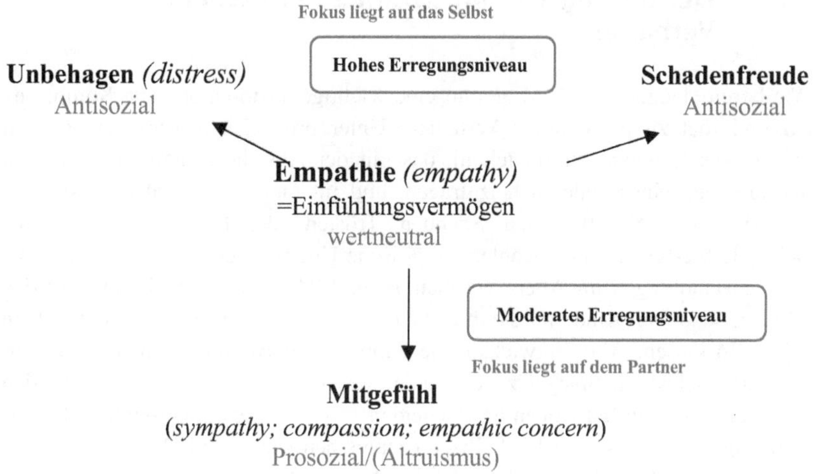

Abb. 4.1 Die Beziehung zwischen Empathie und Mitgefühl. (Eigene Darstellung)

Die US-amerikanische Entwicklungspsychologin Nancy Eisenberg hat in diesem Sinne umfangreiche Forschung betrieben, die sich mit der Erklärung des Phänomens der Empathie beschäftigt. Ferner ist sie der Frage nachgegangen, welche Bedingungen für die unterschiedlichen Konsequenzen des empathischen Erlebens zuständig sind. Sie konnte feststellen, dass die Höhe des Erregungsniveaus bei den betreffenden Personen entscheidend für die Entwicklung unterschiedlicher Gefühlszustände (Mitgefühl, Unbehagen oder Schadenfreude) ist. So zeigte sich in ihrer Studie, dass mitfühlende Menschen eher ein moderates Erregungsniveau zu sich selbst aufweisen und der Fokus auf die leidende Person gerichtet ist, während Menschen, die von Unbehagen betroffen sind, ein höheres Erregungsniveau aufweisen.[40] Demzufolge konzentrieren sich unbehaglich fühlende Menschen besonders auf die eigene Erregungsbewältigung, während mitfühlende Menschen die Aufmerksamkeit weniger auf sich selbst als auf den Leidenden richten. Kienbaum und Hoffmann stellen dar, wie das Temperament des Kindes sowie die Sozialisationserfahrungen in Familie und Bildungseinrichtungen die Entstehung und Entwicklung von Mitgefühl beeinflussen.[41]

---

[40] Vgl. Kienbaum, *„Begrifflichkeiten"*, S. 14.

[41] Malti / Buchmann, *„Die Entwicklung moralischer Emotionen"*, S. 547.

4.2 Der Beitrag von Mitgefühl zu ethischem Verhalten

Wie bereits tangiert, stellt Mitgefühl eine wichtige sozio-emotionale Kompetenz dar und regt zu prosozialem Verhalten. Unter prosozialem Verhalten ist „ein freiwilliges Handeln [zu verstehen], das mit der Absicht ausgeführt wird, zum Wohlergehen eines anderen beizutragen, und interaktiven Charakter besitzt".[42] Das Helfen in Notsituationen, Spenden, Trösten oder Teilen sind nur einige Beispiele hierfür. Bischoff-Köhlers empirische Untersuchungen zeigen, dass prosoziale Handlungen im Alter zwischen 16 und 24 Monaten beobachtet werden können, also bei Kindern, die bereits ein globales Selbstkonzept entwickeln haben. In diesem Alter entwickeln die Kinder nach Bischoff-Köhler die Fähigkeit, sich selbst im Spiegel zu erkennen, was darauf hindeutet, zwischen sich selbst und anderen Individuen unterscheiden zu können, was als Indikator für das Vorhandensein eines globalen Selbstkonzeptes betrachtet wird.[43]

Prosoziales Verhalten erfolgt intentional sowie freiwillig und hängt von verschiedenen Faktoren ab.[44] Die Beweggründe zu prosozialem Verhalten können einerseits egozentrischer Natur sein, mit der Intention der Gegenseitigkeit (Reziprozität), Anerkennung oder Belohnung sowie auch aus dem Wunsch entstehen, anderen etwas Gutes zu tun. Eben dann, wenn ein solches Verhalten nicht mit materieller oder sozialer Gegenleistung verbunden wird, wird von Altruismus gesprochen.[45]

> Demnach würden wir ein solches Verhalten altruistisch sehen, in dem das Wohl der anderen Person an erster Stelle steht, während es bei aus egoistischen Motiven heraus durchgeführten prosozialen Handlungen vor allem darum geht, sich eigene Vorteile zu verschaffen.[46]

Das Motiv selbst entscheidet demnach, ob eine Handlung als altruistisch oder als egoistisch zu bewerten ist, nicht die Handlung selbst. Nach Kienbaum ist die Darstellung Ulrich Kuhls einschlägig, der das prosoziale Verhalten als ein

---

[42] Naurath, *Mit Gefühl gegen Gewalt*, S. 106.

[43] Vgl. Wolfgang Friedlmeier/ Gisela Trommsdorff: „*Entwicklung von Empathie*", S. 144.

[44] Vgl. Kienbaum, „*Begrifflichkeiten*", S. 16.

[45] Vgl. ebd.

[46] Ebd.

„*Kontinuum* [charakterisiert], dessen Pole durch altruistisch motivierte Verhaltensweisen auf der einen und durch egoistisch motivierte Verhaltensweisen auf der anderen Seite“[47] beschrieben werden.

Kohlberg berücksichtigt in seiner Moraltheorie – wenn auch nur indirekt – ebenfalls den motivationalen Aspekt der moralischen Entwicklung der Heranwachsenden. Die Kategorisierung der einzelnen Stufen, welche die Lernenden in ihrer Entwicklung ihrer kognitiven Reife entsprechend durchlaufen, ist abhängig von dem jeweiligen motivationalen Beweggrund der moralischen Entscheidung. So kann ein und dieselbe moralische Entscheidung oder Handlung je nach Motivation (bzw. Begründung) unterschiedlichen moralischen Wert aufweisen. Handlungen, die auf egoistischen Motiven beruhen, klassifiziert Kohlberg als *präkonventionell*, während die Orientierung an Recht und Ordnung die moralisch höhere Ebene darstellt, nämlich die *konventionelle.* Die höchste moralische Ebene hingegen wird *postkonventionell* genannt und meint das gute Verhalten allein um seiner selbst willen, nach dem Beispiel des kantschen kategorischen Imperativs:[48] „[H]andle nur nach derjenigen Maxime, durch die du zugleich wollen kannst, dass sie ein allgemeines Gesetz werde“.[49] Durch den Zuwachs des logischen Verständnisses des Kindes, überwindet es die egozentrische Perspektive und ist in der Lage, auf Basis altruistischer Motive moralisch zu handeln.[50]

Daraus resultiert ein Moralverständnis, dass neben der kognitiven Denkfähigkeit und emotionalen Fertigkeiten auch die Motivation des Menschen zu berücksichtigen hat. Diese Motivation kann durch verschiedene Faktoren, wie z. B. Familie, Beziehungen und Freunde ausgelöst werden[51] aber auch seine Wurzeln in der Religion haben, durch die versprochen wird, das Wohlgefallen Gottes zu erhalten. In dieser Hinsicht beinhaltet das Thema des Mitgefühls für die religiöse Bildung wichtige inhaltliche Aspekte, da dieses, wie eingangs erläutert, die Bereitschaft zu altruistischem Verhalten ermöglicht. Dass das Mitfühlen mit anderen sowie die Bereitschaft, den Menschen in der schwierigen Lage zu helfen, in religiöser Perspektive eine gottgefällige Tat darstellt, kann es eine stärkere Motivation zu altruistischem Verhalten bewirken.

---

[47] Kienbaum, „*Begrifflichkeiten*“, S. 16.

[48] Corinna Hößle, *Theorien zur Entwicklung und Förderung moralischer Urteilsfähigkeit*, in: Dirk Krüger / Helmut Vogt (Hg.), *Theorien in der biologiedidaktischen Forschung. Ein Handbuch für Lehramtstudenten und Doktoranden*, Heidelberg 2007, S. 199 f.

[49] Dieter Schönecker, *Imperativ. kategorischer*, in: Markus Willaschek / JürgenStolzenberg / Georg Mohr, u. a. (Hg.), *Kant-Lexikon*, Bd. 1, Berlin/Boston 2015, S. 1152.

[50] Vgl. Naurath, *Mit Gefühl gegen Gewalt*, S. 109.

[51] Vgl. Schwyzer u. a., „*Kognition, Emotion, Verhalten*“, S. 31.

Naurath erarbeitet das Profil des Altruismus in einer theologischen Perspektive, indem sie die Selbstlosigkeit und den Vorrang des anderen, was mit dem Altruismusbegriff intendiert ist, mit Rekurs auf das christliche Verständnis der Selbstliebe als Teil der Nächstenliebe infrage. Insofern plädiert sie für ein „weiches" Verständnis von Altruismus, das die Bedürfnisse des anderen im Blick hat, ohne die eigenen gänzlich zu vernachlässigen.[52] Es stellt sich die Frage, wie Altruismus in einer islamisch-theologischen Perspektive zu verorten und bewerten ist. Altruismus lässt sich im Allgemeinen mit dem Konzept des *īṯār* vergleichen.[53] Dieser beschreibt einen ethischen Ansatz, bei der den Bedürfnissen anderer Vorrang über die eigenen Bedürfnisse gewährt wird. Der muslimische Gelehrte Ǧurǧānī beschreibt diese Haltung als die höchste Stufe der Brüderlichkeit im Glauben.[54] Işık beschreibt *īṯār* als „höchstmögliche Form der Auflösung der Differenz zwischen Ich und Du", sodass das Wohl des anderen zugleich als das Wohl des Selbst gesehen wird. Demnach handelt es sich auch nicht darum, das Wohl des Anderen dem eigenen vorzuziehen, da die Differenz zwischen dem anderen und dem Selbst nicht mehr vorhanden sei, sodass die Wohltat nicht nur für den anderen, sondern auch für einen selbst einen Nutzen darstellt.[55] Inwiefern dieser auf den ersten Blick dem anderen zukommende Nutzen als eigener zu verstehen ist, wird von Işık nicht weiter erläutert.

In einem Hadith, das in Tirmiḏī zu finden ist, wird eine tiefgreifende Einsicht in altruistisches Verhalten vermittelt. In dieser Erzählung findet ein Gespräch zwischen dem Propheten Muḥammad und seiner Ehefrau ʿĀʾiša statt, in der sie dem Propheten mitteilt, dass fast alles vom geschlachteten Tier an andere Menschen verteilt wurde und nur ein kleiner Teil vom geschlachteten Tier übriggeblieben ist, nämlich „nichts außer einer Schulter". Der Prophet weist darauf hin, dass das bedeutet, dass für sie alles außer der Schulter übriggeblieben ist.[56] Diese Erzählung erscheint signifikant, da sie die These von Işık bezüglich der Trennung zwischen dem individuellen ‚Ich' und dem Kollektiven ‚Du' bestätigt: Das Wohl des anderen stellt gleichzeitig den Nutzen für einen selbst dar. Von Işık wird nicht weiter angeführt, wie dieses selbstbezogene Wohl als Konsequenz des Wohlergehens eines anderen konkret zu verstehen ist. Es liegt nahe, dass es sich

[52] Vgl. Naurath, *Mit Gefühl gegen Gewalt*, S. 107.

[53] Işık, *Kultivierung des Selbst*, S. 237.

[54] Mustafa Çağrıcı, „*al-īṯār. Îsâr*", in: TDV Islâm Ansiklopedisi, Bd. 22, Istanbul 2000, S. 490.

[55] Vgl. Işık, *Kultivierung des Selbst*, S. 237 f.

[56] Tirmiḏī, *Sunan, Kitāb ṣifa al-qiyāma wa ar-rāʾiq, Bāb* 33, HN 2544. (https://archive.org/details/waq70110/page/n555/mode/2up)

bei dem selbstbezogenen Nutzen um die jenseitige Belohnung sowie das jenseitige Wohlergehen handelt. Dieses resultiert aus dem Wohlgefallen Gottes, welches sich wiederum aus einer altruistisch motivierten Wohltat ergibt. Der vorliegende Vers untermauert diese These:

> Ihr Essen gaben sie – obgleich sie es selber mochten – dem Armen, der Waise und dem Gefangenen zur Speisung. ‚Nur um Gottes willen geben wir euch zu speisen. Wir fordern kein Entgelt und keinen Dank. Siehe, wir befürchten von unserem Herrn einen grimmigen, fürchterlichen Tag.' Doch ihr Herr bewahrte sie vor dem Übel eines solchen Tages und ließ sie auf Seligkeit und Freude treffen.[57]

Dieser Vers macht auch deutlich, dass prosoziales Verhalten unterschiedliche Tendenzen aufweist und sich entweder eher in die altruistische oder in die egoistische Richtung bewegen kann. Dabei ist die *Motivation* der Schlüssel zur Bewertung einer prosozialen Verhaltensweise und trägt neben der kognitiven und emotionalen Komponente entscheidend dazu bei, moralische Verhaltensweisen auszuführen.[58] Abbildung 4.2 verdeutlicht, dass Mitgefühl (bzw. altruistisches Verhalten) dazu führt, das Wohlergehen anderer Menschen zu berücksichtigen, was gleichzeitig das Wohlgefallen Gottes bewirkt. Diese Erkenntnis stellt gleichzeitig eine Motivation dar, weiterhin Mitgefühl zu entwickeln.

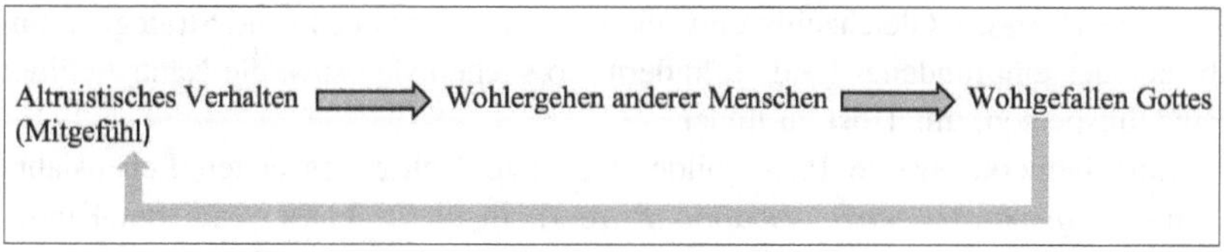

Abb. 4.2 Religion als Motivation für Mitgefühl und Altruismus. (Eigene Darstellung)

4.3 Modelle zur Erklärung der Ontogenese von Mitgefühl

Angesichts der Bedeutung von Mitgefühl für die religiöse und ethische Bildung stellt sich die Frage, wie diese Fähigkeit in der menschlichen Entwicklung entsteht. Nach der Entwicklungstheorie von Piaget wurde lange Zeit angenommen,

[57] Koran 76/8–11.

[58] Vgl. Schwyzer / Malti, „*Kognition, Emotion, Verhalten*", S. 30 f.

dass die Fähigkeit zur Perspektivenübernahme – eine Voraussetzung für die Entwicklung von Mitgefühl – erst mit dem Eintritt in die konkret-operationale Phase, also mit Beginn des Schulalters, nachweisbar ist.[59] Vor dieser Lebensphase, so die Annahme, seien Kinder egozentrisch und daher kognitiv nicht in der Lage, sich in andere Menschen und deren Gefühlswelt hineinzuversetzen. Eine ähnliche These wird auch von der freudschen Psychoanalyse vertreten, die Kindern erst in späteren Jahren die Fähigkeit zu Mitgefühl zuschreibt.[60] Die Ergebnisse neuerer entwicklungspsychologischer Studien weisen hingegen darauf hin, dass die Kinder, anders als bisher angenommen, die Fähigkeit zum Mitfühlen bereits in sehr frühen Jahren aufweisen.[61] Zum Verständnis der frühen Ontogenese von Mitgefühl trägt die Konzeption von Martin Hoffmann [62]bei, der aufzeigen konnte, dass Kinder bereits sehr früh die Gefühle des Anderen wahrnehmen können und bestrebt sind, potenzielles Leid zu lindern.[63] Die Entwicklung durchläuft nach Hoffmann verschiedene Stufen, die im Folgenden dargestellt werden sollen:[64]

In den ersten Monaten des ersten Lebensjahres (Stufe 1, *newborn reactive cry*) reagieren Säuglinge auf das Leid anderer Personen mit Unbehagen. So weinen sie bspw., wenn sie ein anderes Kind weinen hören. Hoffmann erklärt dieses Phänomen mit der Gefühlsansteckung, da die Kinder in diesem Alter noch nicht über die Ich-Andere-Trennung verfügen und das Leid eines anderen als eigenes Leid wahrnehmen. Das Empfinden von Unbehagen als Konsequenz fehlender Ich-Andere-Unterscheidung zeigt sich auch im ersten Lebensalter (Stufe 2: *egocentric empathic distress*). Gleichzeitig entwickeln die Kinder zunehmend Strategien, um ihr eigenes empfundenes Leid zu lindern. So suchen sie bspw. die Nähe zu einer Bindungsperson, um Trost zu finden.

Eine bemerkenswerte Phase bildet die erste Hälfte des ersten Lebensjahrs (Stufe 3: *quasi-egocentric empathic distress*). In dieser Phase reagieren Kinder auf das Leid anderer Personen mit prosozialem Verhalten. Diese prosozialen Verhaltensweisen sind allerdings egozentrischer Natur, da die Kinder noch nicht zwischen ihren eigenen und den Bedürfnissen anderer unterscheiden können. So würden sie bspw. einem weinenden Kind das selbstbevorzugte Spielzeug geben,

---

[59] Markus Paulus, „*Die Entstehung von Mitgefühl im Säuglings-und Kleinkindalter*", in: Jutta Kienbaum (Hg.), *Die Entwicklung von Mitgefühl. Von der frühen Kindheit bis in das hohe Alter*, Stuttgart 2023, S. 22.

[60] Ebd. S. 21 f.

[61] Ebd.

[62] Vgl. Martin L. Hoffmann, *Empathy and moral development. Implications for caring and justice, Cambridge* 2007, S. 64–91.

[63] Paulus, „*Entstehung von Mitgefühl*", S. 23.

[64] Vgl. Hoffmann, *Empathy and moral development*, S. 89 f.

auch wenn das andere Kind dieses Spielzeug nicht mag. Erst ab etwa Mitte des zweiten Lebensjahres (Stufe 4: *veridical emphatic distress*) sind die Kinder in der Lage, adäquat prosozial zu handeln, weil sie zwischen den eigenen und fremden Bedürfnissen unterscheiden können, als Resultat der Fähigkeit zur Selbst-Andere-Differenzierung.[65]

Insgesamt zeigen Hoffmanns Befunde, dass Mitgefühl sich prozesshaft entwickelt sowie mit der Wahrnehmung und Kognition verbunden ist. Gleichzeitig zeigt sich die Bereitschaft in sehr frühen Jahren, auf das Leid und die Situationen anderer Menschen aufmerksam zu werden sowie diese lindern zu wollen. Die ursprüngliche Motivation, Trost für sich selbst zu suchen, entwickelt sich zur Motivation, dem ‚Opfer' zu helfen.[66]

Bischof-Köhler baut auf den Arbeiten von Hoffmann auf und betont die Funktion der psychischen statt der physischen Ich-Andere-Differenzierung.[67] Sowohl bei Hoffmann als auch Bischof-Köhler wird die kognitive Perspektive einbezogen und steht mit der Entwicklung von Mitgefühl in Beziehung.[68]

Diese Ansätze stoßen bei Maayan Davidov und seinen KollegInnen aus verschiedenen Gründen auf Kritik.[69] So gehen die Autoren – anders als Hoffmann und Bischof-Köhler – davon aus, dass die Entwicklung von Mitgefühl unabhängig von der Entwicklung kognitiver Fertigkeiten abläuft und daher schon viel früher vorhanden ist. Daher nehmen sie an, dass die Fähigkeit zur prosozialen Motivation schon angeboren sein kann.[70] Auch Gertrud Nunner-Winkler vertritt die These, dass Kinder von „Natur aus' – besser: von Geburt an – [...] zu Mitgefühl, Empathie und selbstloser Hilfsbereitschaft wie auch zu eigensüchtig rücksichtsloser Durchsetzung eigener Interessen auf Kosten anderer"[71] fähig sind. Trotzdem konstatiert die entwicklungspsychologische Forschung weiterhin die besondere Bedeutung der Entwicklung kognitiver Fertigkeiten im Zusammenhang mit emotionalen Fähigkeiten, die das Auftreten von Mitgefühl und prosozialem Verhalten begünstigen.

Da die entwicklungspsychologische Forschung die Ontogenese der Fähigkeit zu Mitgefühl in die frühkindliche Phase einordnet, haben sich in den letzten

---

[65] Darstellung der Stufen folgt: Paulus, „*Entstehung von Mitgefühl*", S. 23 f.

[66] Vgl. ebd. S. 25.

[67] Bischof-Köhler, *Soziale Entwicklung in Kindheit und Jugend*, S. 263 f.

[68] Vgl. Paulus, „*Entstehung von Mitgefühl*", S. 26.

[69] Vgl. ebd. S. 26.

[70] Vgl. ebd. 26–28.

[71] Gertrud Nunner-Winkler, „*Zum Verständnis von Moral. Entwicklungen in der Kindheit*", in: Horster, Detlef/ Oelkers, Jürgen (Hg.), *Pädagogik und Ethik*, Wiesbaden 2005, S. 188.

Jahren elementarpädagogische Studien verstärkt der Förderung von Mitgefühl in Kindertageseinrichtungen gewidmet.

4.4 Religionspädagogische Konsequenz: Förderung emotionaler Kompetenzen

Emotionspsychologische Studien verweisen darauf, dass die Onto- und Aktualgenese von Mitgefühl in einem äußerst komplexen Beziehungsgefüge zu sehen ist, sodass verschiedene Faktoren das Entstehen von Mitgefühl hemmen oder aber auch begünstigen können.[72] Zu diesen Faktoren zählen unter anderem weitere Emotionen. So sind bspw. die Basisemotionen[73] Angst und Wut diejenigen Gefühlszustände, welche das Entstehen von Mitgefühl hemmen können.[74] Aus diesem Grund müssen im Kontext von Mitgefühl immer auch weitere Emotionen und insbesondere der angemessene Umgang mit diesen berücksichtigt werden Die Frage nach der Förderung von Mitgefühl ist thematisch in den Diskurs zur emotionalen Kompetenz eingebettet: „Emotional kompetente Menschen nehmen nicht nur die Gefühle anderer, sondern auch ihrer eigenen in adäquater Weise wahr – eine conditio sine qua non zur Entwicklung und zum Ausdruck von Mitgefühl und prosozialem Verhalten".[75]

Allerdings konnte bisher nicht geklärt werden, inwiefern die emotionale Kompetenz, die im Kontext der unterrichtlichen Förderung von Mitgefühl von Bedeutung ist, mit einer kompetenzorientierten Unterrichtsgestaltung zu vereinbaren ist. Als Reaktion auf den „PISA-Schock" beschloss die Kultusministerkonferenz 2002 die Festlegung von „Bildungsstandards", die die Ziele des Unterrichts in Form von Kompetenzanforderungen konkretisiert sollten.[76] Damit ging ein Perspektivenwechsel von einer Input- zu einer Output-Orientierung einher, sodass Bildungsstandards und Bildungsziele mithilfe von Kompetenzen realisiert werden

---

[72] Vgl. Naurath, *Mit Gefühl gegen Gewalt*, S. 156.

[73] Als Basisemotionen oder primäre Emotionen werden in der Entwicklungspsychologie jene Emotionen bezeichnet, die sich im ersten Lebensjahr entwickeln und im Gegensatz zu anderen Emotionen weniger komplex sind. Zu diesen Basisemotionen zählen bspw. Freude, Ärger, Traurigkeit, Angst, Überraschung etc. Vgl. Petermann/Wiedebusch, *Emotionale Kompetenz*, S. 37.

[74] Dietz, *Martha* Nussbaum, S. 244.

[75] Naurath, Mit Gefühl gegen Gewalt, S. 150.

[76] Gabriele Obst, *Kompetenzorientiertes Lehren und Lernen im Religionsunterricht*, 4. überarb. Aufl., Göttingen 2015, S. 20–27.

sollten. Unter Rückgriff auf den Psychologen Franz E. Weinert versteht Klieme unter Kompetenz[77]

> „die bei Individuen verfügbaren oder durch sie erlernten kognitiven Fähigkeiten und Fertigkeiten, bestimmte Probleme zu lösen, sowie die damit verbundenen motivationalen, volitionalen und sozialen Bereitschaften und Fähigkeiten, um die Problemlösungen in variablen Situationen erfolgreich und verantwortungsvoll nutzen zu können.“[78]

Von Weinert wird damit ein enges Kompetenzverständnis vertreten, das die kognitive Disposition im Lernprozess dominiert.[79] Diese Überbetonung der kognitiven Disposition wird von Baumert folgendermaßen beschrieben:

> Auch wenn Lernprozesse unauflöslich in emotionales und motivationales Geschehen eingebettet sind, steht die Schule doch unter dem Primat des Kognitiven, und zwar mit höherem Alter der Schülerinnen und Schüler zunehmend.[80]

Dieser Aspekt trifft gegenwärtig in der religionspädagogischen Forschung oftmals auf Kritik, da insbesondere der Religionsunterricht die Einstellungen, Haltungen und Erfahrungen der Schüler zu berücksichtigen hat.

Carsten Gennerich und Helga Kohler-Spiegel hingegen betonen die Verbindung zwischen Emotion und religiöser Kompetenzbildung. Ausgehend von einem Kompetenzverständnis, welches darauf abzielt, bestimmte Arten von Problemen und Anforderungssituationen erfolgreich zu bewältigen, seien Emotionen nicht wegzudenken.[81] Mit den Worten von Kohler-Spiegel sind typische Anforderungssituationen „emotional besetzt und wollen gedeutet werden“.[82] So versteht sich insbesondere der Religionsunterricht, der auf Kompetenzentwicklung ausgerichtet ist, Emotionen als integralen Bestandteil des Religionsunterrichts, das zur „Entwicklung einer balancierten Persönlichkeit [beiträgt], ... [und] den Erwerb von Beziehungsfähigkeit, Bewältigungskompetenzen und Fähigkeiten zur Selbstregulation“ ermöglicht.[83]

---

[77] Vgl. Ebd. S. 28.

[78] Franz Weinert, *Leistungsmessung in Schulen*, Weinheim/Basel 2001, S. 27 f.

[79] Obst, *Kompetenzorientiertes Lehren*, S. 28.

[80] Ebd. S. 140.

[81] Bundesministerium für Bildung und Forschung, 2003, S. 72.

[82] Helga Kohler-Spiegel, *Emotionales Lernen im Religionsunterricht*, in: Staufermeister, Jochen (Hrsg.): *Moralpsychologie und Theologie*, MthZ, Bd. 66, Nr.3 (2015), S. 298.

[83] Ebd.

Im Rahmen dieser Argumentation legitimiert sich die Einbeziehung emotionaler Kompetenz als Teil des kompetenzorientierten Religionsunterrichts. Dies steht im Einklang mit Ansätzen, die die emotionale Entwicklung als unverzichtbar für die ganzheitliche Entwicklung von Kindern und Jugendlichen betrachten, da sie das zu fällende Urteil sowie die daraus resultierende Verhaltensweise beeinflussen und somit einen integralen Bestandteil des Lernprozesses ausmachen.[84] Die verschiedenen Konzepte emotionaler Kompetenz weisen in ihrem Kern Fähigkeiten auf, die sich auf das Bewusstsein der eigenen Emotionen, das Sich-Hineinversetzen-Können in Andere sowie die Fähigkeit zum konstruktiven Umgang mit Gefühlen beziehen.[85]

Der von Salisch durchgeführte Modellvergleich zu den Konzepten emotionaler Kompetenz verdeutlicht, dass diese Konzepte aufgrund ihrer Komplexität schwer voneinander zu differenzieren sind.[86] Das Konzept von Carolyn Saarni, welches die Entwicklung emotionaler Kompetenz unter Berücksichtigung des (sozialen) Kontextes untersucht, scheint im Schulkontext und somit auch im Religionsunterricht von großer Bedeutung zu sein. Dies zeigt sich auch darin, dass verschiedene Religionspädagogen und –pädagoginnen in ihren Beiträgen auf Saarnis Ansatz Bezug nehmen.[87] Es handelt sich um ein Konzept, das auf Grundlage empirischer Befunde zur emotionalen Entwicklung erarbeitet wurde. Emotional kompetentes Verhalten kann nach Saarni als Anwenden der emotionalen Fertigkeiten in Interaktionen mit anderen Menschen sowie das Zeigen eines selbstwirksamen Verhaltens verstanden werden. Dies erfordert zum einen das Bewusstsein dafür, dass das eigene emotionale Ausdrucksverhalten die Reaktionen anderer Menschen beeinflussen kann. Zum anderen ist damit die Fähigkeit verbunden, das Verhalten strategisch steuern zu können, um gewünschte Reaktionen hervorzurufen.[88] Damit gewinnen diese für den Wertebildungsprozess im Islamischen Religionsunterricht sowie die Entwicklung von Mitgefühl ebenfalls an Bedeutung.

---

[84] Zum Beispiel Lindner, *Wertebildung*, S. 125.

[85] Vgl. Naurath, *Mit Gefühl gegen Gewalt*, S. 151.; Michaela Meier: *Neuropädagogik. Entwurf einer neuropädagogischen Theorie aisthetischer Erziehung und Möglichkeiten ihrer praktischen Umsetzung auf der Grundlage interdisziplinärer Erkenntnisse aus Pädagogik, Psychologie und Hirnforschung*, Marburg 2004, S. 177 ff.

[86] Naurath, *Mit Gefühl gegen Gewalt*, S. 153.

[87] Das Konzept wird bspw. von Naurath und Kohler-Spiegel im religionspädagogischen Kontext verwendet: Vgl. hierfür: Naurath, *Mit Gefühl gegen Gewalt*, S. 154; Kohler-Spiegel, „*Emotionales Lernen*", S. 298.

[88] Vgl. Petermann/Wiedebusch, *Emotionale Kompetenz*, S. 15.

1. *Bewusstheit über den eigenen emotionalen Zustand*: Kinder, die ihre Gefühle kennen, haben es leichter, Auseinandersetzungen zu klären und eigene Intentionen durchzusetzen.
2. *Die Fähigkeit, Emotionen anderer Menschen eines bestimmten kulturellen Rahmens zu deuten*: Wenn Kinder das emotionale Erleben anderer nachvollziehen können, sind sie auch sozial kompetenter.
3. *Die Fähigkeit zum Gebrauch des Emotionslexikons*: Die emotionale Sprachfähigkeit von Kindern wird stark vom Verhalten ihrer frühen Bezugspersonen geprägt und dürfte auch von sozialen Rollen abhängig sein.
4. *Die Fähigkeit zur sozialen Anteilnahme*: Empathie verbunden mit der Fähigkeit zur Perspektivenübernahme fördert prosoziales Verhalten.
5. *Die Fähigkeit, das Ausdrucksverhalten vom inneren emotionalen Zustand zu differenzieren*: Kinder setzen mit zunehmendem Alter ihr emotionales Ausdrucksverhalten mithilfe sozialer Skripten flexibler ein.
6. *Die Fähigkeit, belastende Emotionen mit einem Repertoire von Bewältigungsstrategien auszugleichen*: Konstruktive Copingstrategien (z. B. problemlösendes statt aggressives Verhalten) sind von sozialen Strukturen abhängig.
7. *Das Bewusstsein der Abhängigkeit zwischenmenschlicher Beziehungen von der emotionalen Direktheit und Echtheit der emotionalen Kommunikation (verbaler und nonverbaler Ausdruck)*: Fokus emotionaler Kommunikation ist das Vertrauen in die Beziehung.
8. *Die Fähigkeit zur emotionalen Selbstwirksamkeit ist gekoppelt an die persönliche Emotionstheorie* (Vorstellungen über das eigene Funktionieren von Emotionen) wie auch an die eigenen moralischen Werte. Die emotionale Selbstwirksamkeit ist abhängig vom globalen Selbstwertgefühl[89]

[89] Aufzählung folgt: Naurath, *Mit Gefühl gegen Gewalt*, S. 154.

5 Islamisch-theologische Perspektiven des Mitgefühls im Kontext ethischer Bildung

Die bisher aufgezeigten Ergebnisse zeigen, dass Mitgefühl ein komplexes Phänomen darstellt, das in verschiedene menschliche Dispositionen eingebettet ist. Gleichzeitig führen diese Ergebnisse auf Grundlage psychologischer und bildungspolitischer Forderungen nach Wertebildung, Urteilsfähigkeit und ganzheitlicher Bildung zur Notwendigkeit einer islamisch-theologischen Perspektive von Mitgefühl, um einen religionspädagogischen Entwurf für die Fachdidaktik zu erarbeiten.

Beim Versuch, Mitgefühl aus islamischer Perspektive zu definieren, zeigt sich allerdings folgende Schwierigkeit: Die islamische Quellenlage (Koran, Sunna und Primärliteratur muslimischer Gelehrter) weist keine explizite Beschäftigung mit Gefühlsphänomenen wie dem Mitgefühl auf. Wie Işık auch vermerkt, ist eine Thematisierung von Emotionen und Gefühlen in der islamischen Denktradition unüblich, vielmehr schwingen sie implizit durch die Thematisierung von Charaktereigenschaften oder Tugenden mit.[1] Daher gilt für diese Untersuchung, diejenigen islamischen Tugenden herauszufiltern, welche mit dem Mitgefühl in Zusammenhang stehen.

Die vorliegenden Erkenntnisse legen nahe, dass die islamisch-theologische Tugend Barmherzigkeit auf definitorischer Basis am ehesten dem Mitgefühl zu entsprechen scheint.[2] Ähnliche Schlussfolgerungen sind auch in christlichen Beiträgen zu finden.[3] In den folgenden Ausführungen wird daher versucht, Mitgefühl in der theologischen Barmherzigkeit zu verorten. Auch wird in der Analyse

---

[1] Işık, *Kultivierung des Selbst*, S. 229.

[2] Ebd.

[3] Vgl. hierfür: Naurath, *Mit Gefühl gegen Gewalt.*

G. Aydin, *Die Signifikanz von (Mit-)Gefühl für die ethische Bildung in der Islamischen Religionspädagogik*, BestMasters,
https://doi.org/10.1007/978-3-658-46770-8_5

erkannt, dass sowohl Barmherzigkeit als auch Mitgefühl auf einer theoretischen Ebene weitere Prinzipien bedingen. Es soll veranschaulicht werden, welche Bedeutung die (Menschen-)Liebe hinsichtlich ihrer prosozialen Responsivität hat.

Klaus Scherer legt dar, dass renommierte Psychologen (z. B. William James) nicht eindeutig zuordnen konnten, ob Gefühle bzw. Emotionen als Ursache oder Folge von Handlungstendenzen zu verstehen sind.[4] Die Ansicht scheint daher plausibel, dass die Entwicklung von Emotionen in beide Richtungen verläuft: Gefühle können durch Handlungsformen ebenso entstehen, wie es möglich ist, dass sie Verhaltensweisen bewirken. Im Kontext einer islamisch-theologischen Herleitung des Phänomens Mitgefühl scheinen dementsprechend auch theologische Konzepte entscheidend zu sein, welche die Solidarität und Hilfeleistung betonen. Es werden vor allem Konzepte untersucht, welche die Haltung bzw. Motivation berücksichtigen. Eine wenigstens kurze Auseinandersetzung mit der „Verantwortungsmündigkeit" scheint daher unabdingbar, um vor dem Hintergrund der anthropologischen Auffassung des Menschen Mitgefühl bewerten zu können.

Demzufolge sind im Rahmen dieser Arbeit folgende theologische Prinzipien zu thematisieren, die interpretationslogisch dem Sinngehalt von Mitgefühl entsprechen und eine Verbindung zu ihm aufweisen, um dessen Relevanz für die Islamische Religionspädagogik zu ermitteln.

5.1 Die theologische Tugend der Barmherzigkeit (*raḥma*)

5.1.1 Die Etymologie von Barmherzigkeit

Der genuin arabische Begriff *raḥma* bedeutet auf Deutsch Barmherzigkeit und deutet auf Freundlichkeit, Wohlwollen (*raʾfa*), aber häufiger eine Wohltat oder Gunst (*niʿma oder faḍl*) hin.[5] Sie besteht aus den drei Wurzelbuchstaben r-ḥ-m (رحم), aus der sich auch die Namen Gottes *raḥmān* und *raḥīm* ableiten. Diese Namen stehen (mit einer Ausnahme) am Anfang jedes Korankapitels und werden von den Muslimen in der Grußformel als *[…] bismiʾillāhiʾar-raḥmān ar-raḥīm* (Im Namen Gottes, des Barmherzigen, des Allerbarmers) ausgesprochen.

[4] Scherer, „*Emotion*", S. 298.

[5] Daniel Gimaret, „*Raḥma*", in: Encyclopedia of islam, 2. Edition, (30.07.2023) URL: https://referenceworks.brillonline.com/entries/encyclopaedia-of-islam-2/rahmaSIM_6195?s.num=0&s.f.s2_parent=s.f.book.encyclopaedia-of-islam-2&s.q=rahma (letzter Zugriff am 30.07.2023).

Barmherzigkeit wird im Kleinlexikon des Islam als eine „wohlwollend-huldvolle Haltung Gottes zur Kreatur, die auf Befreiung aus einem Zustand des Leidens, der Bedürftigkeit und ‚Erbärmlichkeit' abzielt",[6] verstanden. Mit seinen Namen *raḥmān* (Allbarmherziger) und *raḥīm* (Allerbarmer) offenbart Gott seine *raḥma,* also seine Barmherzigkeit, was die Großzügigkeit und die Gnade Gottes gegenüber all seinen Geschöpfen unterstreicht.[7] Über diese Barmherzigkeit wird im Koran an mehreren Stellen als Barmherzigkeit Gottes berichtet, sowohl in Form von *raḥma*[8] als auch mit den Namen Gottes *raḥmān* und *raḥīm.*[9] In dem Kapitel über die Reue (*sura at-tawba*) taucht zudem die Wortbildung *marḥama* auf, welche die Barmherzigkeit des Propheten Muḥammad zu seinen Mitmenschen thematisiert.

Verschiedene Überlieferungen aus dem Koran oder dem Hadith weisen auf den göttlichen Ursprung der Barmherzigkeit sowie seine Manifestation im Menschen hin. In seinem Tafsīr *mafātiḥ al-ġayb* führt der Exeget Faḫr ad-dīn ar-Rāzī (gest.1210) u. a. auch den folgenden Hadith zur Erklärung einiger Koranverse an:[10]

> Der Erhabene Gott (Allah) besitzt 100 Einheiten der Barmherzigkeit. Davon hat er Eine den Ǧinn (Dschinn), den Menschen, den Vögeln, den Tieren und den Insekten herabgesandt. Mit dieser einen Einheit Barmherzigkeit zeigen sie sich gegenseitig Güte und Mitleid. Mit den übrigen 99 Einheiten Seiner Barmherzigkeit wird sich der Erhabene Gott Seiner Diener am Tag des Jüngsten Gerichts erbarmen.[11]

Diese Überlieferung führt nicht nur zu der Erkenntnis, dass die Barmherzigkeit Gottes im Gegensatz zur des Menschen viel umfassender und uneingeschränkter ist, sondern betont gleichzeitig, dass sie ein Teil des göttlichen Attributs *raḥma*

---

[6] Stephan Guth, „*Barmherzigkeit*", in: bpb, URL https://www.bpb.de/kurz-knapp/lexika/islam-lexikon/21336/barmherzigkeit/ (letzter Zugriff am 25.09.2023).

[7] Mustafa Çağrıcı, „*Merhamet (al-marḥama)*", in: TDV Islam Ansiklopedisi, Bd. 29, Ankara 2004, S. 184.

[8] Im Koran kommt der Begriff 114-Mal vor und wird fast ausnahmslos auf Gott bezogen, Vgl. Gimaret, „*Raḥma*".

[9] *Raḥmān* und *raḥīm* werden 260-Mal erwähnt und beschreiben die Gnade und die Gunst Gottes zu der gesamten Schöpfung, vgl. Çağrıcı, „*Merhamet (al-marḥama)*", S. 184.

[10] Es handelt sich dabei um die Exegese folgender Koranverse: al-muʾminūn 23/88; an-naḥl 16/53; al-anʿām 6/14; an-nisāʾ 4/78, vgl.

[11] Eigene Übersetzung aus dem Türkischen. Quelle: Faḫr ad-dīn ar-rāzī.

darstellt. Diese Barmherzigkeit treibt die Menschen dazu an, mitfühlend und hilfsbereit mit anderen Lebewesen umzugehen.[12] Somit beschreibt diese Eigenschaft einerseits eine Gabe an die Menschen als Ausdruck göttlicher Barmherzigkeit, welche wiederum als Grundlage für die menschliche Erfüllung der göttlichen Intention, barmherzig zu handeln, verstanden wird.[13]

In der christlichen Lehre ist eine ähnliche Deutung möglich, wodurch die Bedeutung der Barmherzigkeit einerseits selbst die göttliche Eigenschaft beschreibt, andererseits als Gabe Gottes zu begreifen ist:

> Barmherzigkeit ist nach christlichem Verständnis ein grundlegendes Charakteristikum des Gottesverständnisses. [...] Wie ein roter Faden setzt sich in der Bibel das Thema Barmherzigkeit Gottes als Gabe und für den Menschen als Aufgabe im Neuen Testament fort. [...][14]

In seinem Wörterbuch koranischer Begriffe beschreibt Rāġib al-Iṣfahānī die Barmherzigkeit als eine Empfindung (*riqqa al-qalb*), die dazu führt, Gutes (*iḥsān*) zu tun.[15] Wie Mitgefühl beschreibt sie einen Vorgang der Emotionalität, durch die der Mensch zum Helfen angetrieben wird.[16] Die Frage, die sich die Theologen stellen, ist, ob diese Eigenschaft auch tatsächlich auf Gott übertragen werden kann, da Emotionen gleichzeitig Verletzlichkeit und Zerbrechlichkeit implizieren, also eine Art von Schwäche, was mit dem islamisch-theologischen Gottesverständnis nicht vereinbar ist. Letztlich kommen sie zu der Schlussfolgerung, zwischen der menschlichen und göttlichen *raḥma* zu unterscheiden: Anders als bei der Barmherzigkeit Gottes wird die menschliche Barmherzigkeit in den islamischen Quellen daher mit einer emotionalen Konnotation in Verbindung gebracht. Die göttliche Barmherzigkeit hingegen lässt sich im übertragenen Sinne

---

[12] Mustafa Çağrıcı, „*Merhamet (al-marḥama)*“, in: TDV Islam Ansiklopedisi, Bd. 29, Ankara 2004, S. 184.

[13] Mouhanad Khorchide, *Islam ist Barmherzigkeit. Grundzüge einer modernen Religion*, Freiburg i. Br. u. a. 2012, S. 85.

[14] Naurath, *Mit Gefühl gegen Gewalt*, S. 78–82.

[15] Rāġib al-Iṣfahānī, *al-Mufradāt fī ġarīb al-qurʿān*, Beirut u. a. 2014, S. 197.

[16] Ebd.; Al-Ġazālī, *al-maqṣad al-asnā fī šarḥ asmāʾ allāhu al-ḥuṣnā*, übers. von: Köksal, Asım Cüneyd: *Gazzali, En güzel isimler*, Istanbul 2022, S. 141.

als eine Gabe und Wohltätigkeit Gottes gegenüber seinen Geschöpfen beschreiben.[17] In theologischen Diskursen wird der Mensch daher nicht als direktes Ebenbild Gottes, sondern als Manifestation des göttlichen Schöpfungswillens verstanden.[18]

Für die vorliegende Arbeit ist die menschliche Barmherzigkeit relevant, weshalb im Folgenden diese im Lichte islamischer Quellen näher beleuchtet wird.

5.1.2 Barmherzigkeit als Tugend in den muslimischen Quellen

Zum Verständnis der menschlichen Manifestation der Barmherzigkeit verweist der Koran auf den Propheten Muḥammad. Der bereits angesprochene Koranvers in dem Kapitel über die Reue (*sura at-tawba)* stellt ein wichtiges Beispiel für die menschliche Barmherzigkeit dar. Darin heißt es in der deutschen Übersetzung ferner:

> „Zu euch ist ein Gesandter gekommen aus eurer Mitte; hart ist es für ihn, was ihr erduldet. Er sorgt sich um euch. Zu den Gläubigen ist er gütig, barmherzig."[19]

Für den Kontext dieser Thematik stechen folgende Aspekte aus dem Koranvers als relevant hervor: Zunächst wird erwähnt, dass der Prophet „*aus euren eigenen Reihen gekommen*" ist und somit ein Spiegelbild aller Menschen darstellt. Zweitens sagt der Vers, dass der Prophet selbst *bedrängt* ist, wenn es seinen Mitmenschen nicht gut geht, was bedeutet, dass er Trauer und Leid empfindet. Drittens betont der Vers, dass er darum *bestrebt* ist, barmherzig mit seinen Mitmenschen umzugehen. Der bekannte Exeget des letzten Jahrhunderts, Elmalılı Muhammed Hamdi (gest. 1942) macht in seinem *tafsīr* „Hak Dini Kur'an Dili" ein tiefgründiges Verständnis dieses Verses möglich. Dabei betont er, dass der

---

[17] Mustafa Çağrıcı, *„Merhamet (al-marḥama)"*, S. 184.; Daniel Gimaret, "Raḥma", in: Encyclopedia of islam, 2. Edition, (30.07.2023) URL: https://referenceworks.brillonline.com/entries/encyclopaedia-of-islam-2/rahma SIM_6195?s.num = 0&s.f.s2_parent = s.f.book.encyclopaedia-of-islam-2&s.q = rahma (letzter Zugriff: 30.07.2023).

[18] Der Gedanke der Gottesebenbildlichkeit, der in der christlichen Lehre auf breite Zustimmung trifft, wird laut Hans Behr in der islamischen Theologie nicht gerne aufgegriffen. Als Begründung nimmt der Autor die Ablehnung einer anthropomorphen Gottesvorstellung an. Vgl. Hans Behr, „*Menschenbilder im Islam*", in: Mathias Rohe/ Havva Engin/ Mouhanad Khorchide [u. a.] (Hg.): *Handbuch Christentum und Islam in Deutschland. Grundlagen, Erfahrungen und Perspektiven des Zusammenlebens*, Bd. 1, Freiburg i. Br. [3]2017, S. 509.

[19] Koran 9/128.

Prophet selbst leidet, wenn er die Menschen um sich herum in prekären Situationen erlebt, und dass er sich daher mit all seiner Kraft und seinen Ressourcen dafür einsetzt, die Menschen aus solchen Situationen herauszuführen. Sein Ziel ist es, sie „Spitze des Glücks" zu führen und sie letztendlich in das Paradies zu leiten.[20] Damit stellt das prophetische Fühlen und Handeln ein besonderes Beispiel für den Umgang miteinander dar, das mit dem Wunsch nach dem Wohlergehen der Menschen nicht nur auf das Diesseits beschränkt ist, sondern das Jenseits miteinschließt. Der Exeget weist ferner darauf hin, dass der Prophet damit die beiden Namen Gottes *raḥīm* und *raʿūf* verkörpere, da die prophetische Barmherzigkeit alle Gläubigen umfasse und nicht auf bestimmte Menschengruppen beschränkt sei.[21]

Die Relevanz der Barmherzigkeit wird zudem in der prophetischen Überlieferung mit einer metaphorischen Darstellung hervorgehoben:

> „Die Gläubigen gleichen in ihrer Zuneigung, Barmherzigkeit und ihrer Fürsorge einem Körper. Wenn nur ein Teil [von dem Körper] leidet, leidet der restliche Körper mit ihm, indem er Schlaflosigkeit und Fieber zeigt."[22]

Dieser Hadith und sinngemäß ähnliche Überlieferungen richten den Blick vom Egoismus auf die Kollektivität und das gemeinschaftliche Wohlergehen. Die Gläubigen werden dazu aufgefordert, Barmherzigkeit, Fürsorge und Zuneigung miteinander zu teilen. In diesem Sinne ist es ihre Aufgabe und Verantwortung, Mitgefühl für das Leid und die Sorgen anderer zu empfinden und dem entgegenzuwirken. Gleichzeitig weist diese Überlieferung eine Verbindung mit dem bereits vorgestellten Konzept des *īṯār* auf, in der eine Loslösung der Differenzierung zwischen ‚Ich' und ‚Du' stattfindet und daraus folgt, dass man das Leid und die Freude anderer als eigene empfindet.

Sowohl im Koran als auch in den prophetischen Überlieferungen finden sich daher Hinweise zur Aufforderung der Menschen zu einem barmherzigen und mitfühlenden Umgang mit anderen Menschen und Lebewesen. Demgegenüber werden diejenigen kritisiert, die gegenüber den Hilfsbedürftigen gleichgültig oder gefühllos sind: „Gegenüber denjenigen, die Menschen gegenüber nicht barmherzig sind, wird auch Allah nicht barmherzig sein."[23] Diese und ähnliche

---

[20] Elmalılı Muhammed Yazar, *Hak dini kur'an dili*, Bd. 4, Istanbul 2015 S. 476 f.

[21] Ebd.

[22] Ṣaḥīḥ Buḫārī, Kapitel Adab, 27, HN: 4685, aus: Zeynuddīn Ahmed b. Ahmed b. ʿAbdullaṭīf az-Zābidī: Sahih Buhari Muhtasarı, Bd. 8, Istanbul 2019, S. 387. Eigene sinngemäße Übersetzung ins Deutsche.

[23] Ṣaḥīḥ Buḫārī,Kapitel *tawḥīd*, HN: 7376.

Überlieferungen unterstreichen die Barmherzigkeit als eine wichtige Tugend für die Gläubigen. Kurzum: Die Barmherzigkeit ist göttlichen Ursprungs und sie wurde von Gott als Mittel des Guten an die Menschen gegeben, damit sie den Bedürftigen helfen und ihr Leiden lindern können.[24]

So hat sich die Barmherzigkeit fortwährend als eine wichtige (Charakter-) Eigenschaft in der islamischen Ethik (*ʿilm al-aḫlāq*) etabliert. Gemäß al-Ġazālī gilt ein Mensch dann als barmherzig, wenn er aus freiem Willen und innerhalb seiner Möglichkeiten versucht, die Bedürfnisse der Leidenden zu erfüllen und ihr Leid zu lindern. Erst dann entfaltet sich daraus eine moralische Bedeutung.[25]

Die Konsequenz des Mitgefühls mit der Schöpfung wird in der Literatur mit Gottgefälligkeit in Zusammenhang gebracht, die wiederum die Barmherzigkeit Gottes erfordert. Ein bekanntes Beispiel hierfür ist die Geschichte einer sündigen Frau, die trotz großer Sünden den Heilsspruch erlangt hat, weil sie mitfühlend und barmherzig mit einem Hund umging.

> Die sündige Frau sah nämlich eines Tages, dass ein Hund seine Zunge herausstreckte und hechelte, so als ob er vor Durst sterben würde. Sie holte sofort aus dem Brunnen Wasser mit ihrem Schuh und gab es dem Hund. Mit dieser Handlung wurden ihre Sünden letztendlich vergeben.[26]

Diese Überlieferung unterstreicht das Verhältnis von Mitgefühl und Gottgefälligkeit. Durch das mitfühlende Verhalten der Frau zu einem anderen Lebewesen ist auch Gott zu der Frau barmherzig. Mitgefühl als Teil der theologischen Barmherzigkeit stellt für das menschliche Leben somit einen elementaren Zugang dar, religiöse Selbstverwirklichung zu erreichen. Aspekte wie Gefühle, Intention und Handlung werden angesprochen, welche die Barmherzigkeit im Sinne von Mitgefühl charakterisieren und als eine wichtige menschliche Eigenschaft beschreiben.

Die Barmherzigkeit wird in der islamischen Literatur mit verschiedenen Dispositionen beschrieben. Wie in einigen Überlieferungen zu erkennen ist, stellen Aspekte wie Gefühle *(z. B. Trauer um das Leid eines Anderen),* Intention (*der Wunsch zu helfen*) sowie die Handlung (*prosoziale Verhaltensweise*) wichtige Charakteristika der Barmherzigkeit dar, mit denen sie auch als Mitgefühl zu identifizieren sind. Darüber hinaus weisen beide Phänomene eine enge Beziehung

[24] Çağrıcı, *„Merhamet (al-marḥama)"*, S. 184.

[25] Hüseyin Karama, „İslam ahlakında temel erdemler", in: Saruhan, Mülfit Selim (Edit.): *Islam Ahlak Esasları ve Felsefesi*, Ankara 2014, S. 212.

[26] Auch sind andere Versionen dieses Hadithes vorhanden, die alle jedoch auf dieselbe Botschaft gelangen. Vgl. Murat Sarıcık, *„Hz. Peygamber'in canlılara şefkât ve merhameti"*, S. 196.

zur Liebe im Sinne von Zuneigung, Fürsorge und Freundschaft hin. So markiert die Beschreibung von *Yaḥyā ibn ʿAdī*[27] die Barmherzigkeit als eine Eigenschaft, die sich aus der Liebe und dem Mitgefühl[28] zusammensetzt:[29] „*Barmherzigkeit bedeutet, Liebe für denjenigen zu empfinden, dem man gegenüber barmherzig ist, begleitet von einem Gefühl des Bedauerns [(Mitgefühl] für die Umstände, die diese Barmherzigkeit erforderlich machen*“.[30]

Barmherzigkeit versteht sich unter dieser Beschreibung als eine prosoziale Handlungsdisposition, die durch ein Gefühl des Bedauerns geleitet wird, sowie eine Form der Liebe zum Hilfsbedürftigen annimmt. Gleichzeitig weist der Autor darauf hin, dass Barmherzigkeit angemessen und in richtigen Situationen hervortreten muss und nicht dem Prinzip der Gerechtigkeit widersprechen darf.[31]

5.2 Zur theologischen Tugend der (Menschen-)Liebe (*muḥabba*)

In den Quellen der Islamischen Theologie finden sich verschiedene Termini, welche die Liebe zum Schöpfer und zu den Mitmenschen ausdrücken wollen. Darunter fällt auch der in Kapitel 5.1 dargestellte Begriff *raḥma*, weil er die Barmherzigkeit und Gnade auch als Ausdruck der Liebe und Fürsorge beschreibt.[32] So charakterisiert Yaḥyāʾ ibn ʿAdī (gest. 945) in seinem Werk *tahzīb al-aẖlāq* (Die Erziehung zur Ethik) die Barmherzigkeit als eine menschliche Haltung, die sich durch Liebe und Mitleid ergibt.[33] Die Liebe stellt damit die Grundlage der Barmherzigkeit dar, sodass sie in der *aẖlāq*-Literatur oftmals zusammen mit der Liebe behandelt wird.

Ein besonderes Ausmaß der Liebe drückt vor allem der arabische Terminus *muḥabba* aus, welcher sich aus dem Wortstamm *ḥubb* bildet. Der Begriff wird explizit im Koran an einer Stelle erwähnt (*sura ṭāhā* 20/39), bei der es um die

[27] *Yaḥyāʾ ibn ʿĀdī ist* ein christlicher Gelehrte des 10. Jh., dessen Werk Tahzīb al-aẖlāq die Grundgedanken der islamischen Ethik zusammenfassen.

[28] In dem Text wird der Begriff *ǧazʿa* verwendet, die verschiedenen Bedeutungen annehmen kann wie das Gefühl des ‚Bedauern‘. Aus bereits dargestellten Gründen wurde hier der Begriff Mitgefühl statt Mitleid verwendet.

[29] Yaḥyāʾ ibn ʿAdī, *Tehzîb'ül Ahlâk. Ahlâk eğitimi*, Istanbul 2013, S. 30.

[30] Ebd.

[31] Vgl. ebd.

[32] Raşit Küçük, „*Islam kültüründe Sevgi için kullanılan kavramlar*“, in: Bulut, Mehmet, Islam ahlakı ve sevgi, Ankara 2007, S. 80.

[33] Vgl. Yaḥyāʾ ibn ʿAdī, *Tahzīb al-aẖlāq*, S. 30.

Geschichte Moses geht. Darüber hinaus lassen sich weitere Stellen des Wortstammes *ḥubb* sowie Ausdrücke der Liebe in der Offenbarung finden. Sowohl die Liebe zum Menschen als auch die zu Gott wird in der göttlichen Offenbarung thematisiert. Gott beschreibt sich selbst mit dem Namen *wadūd* (Wortstamm *wudd*) also als „der alles mit seiner Liebe und Güte umfassende" und offenbart damit seine Liebe zur Schöpfung.[34]

Al-Ġazālī stellt in diesem Zusammenhang eine direkte Korrelation zwischen den Attributen *wadūd* und *raḥīm*, also zwischen der Liebe und der Barmherzigkeit Gottes her und unterscheidet sie dahingehend, dass das Attribut *raḥīm* das Vorhandensein eines Bedürftigen und Hilfslosen erfordert, während dies im Kontext von *wadūd*, dem Liebenden, nicht erforderlich ist. Das heißt, Gott ist bedingungslos *wadūd* und wünscht daher das Gute für die Schöpfung ohne jeglichen Grund oder Anlass.[35] Ähnlich wie beim Attribut der Barmherzigkeit führt al-Ġazālī in Bezug auf die Liebe Gottes an, dass sie als eine Wohltat und Gabe zu verstehen ist und nicht auf einer emotionsbedingten Handlung basiert. Gott versteht sich nach al-Ġazālī und weiteren Theologen des sunnitischen Islam als frei von Emotionen.[36]

Dieses göttliche Attribut des Liebens ist ähnlich wie bei der Barmherzigkeit von Gott gegeben. Al-Gazālī stellt in seinem Werk dar, dass Menschen, die altruistische Tendenzen aufzeigen, sich auch als liebend (*wadūd*) beschreiben können, indem sie das, was sie für sich selbst wünschen, auch für andere erhoffen oder gar das Wohl der anderen dem des Eigenen voranstellen.[37] In diesem Sinne erscheint der folgende Hadith einschlägig: „*Solange einer von euch das, was er sich selbst erhofft, auch nicht für seinen Bruder wünscht, zählt er nicht zu den wahren Gläubigen.*"[38] Das Verständnis der Liebe (*muḥabba*) geht nach einigen muslimischen Gelehrten mit dem Verlangen nach etwas Gutem einher. Rāġib al-iṣfahānī (gest.um. 11.Jh.) unterscheidet drei Arten dieser Liebe: Sie kann demnach ein Ausdruck des Verlangens nach Vergnügen, Nutzen oder für eine gute Tat (*faḍīla*) beschrieben werden.[39]

[34] Al-Ġazālī, *En güzel isimler*, S. 141.; Süleyman Uludağ, *al-muḥabba. Muhabbet*, in: TDV Islam Ansiklopedisi, 30. Bd. Ankara 2020, S. 284.

[35] Al-Ġazālī, *En güzel isimler* S. 141.

[36] Ebd.

[37] Ebd. S. 141 f.

[38] Buḫārī, Īmān 7; Hadith eigenständig übersetzt ins Deutsche, Quelle: Nawawī, *Riyazü's Salihin Tercümesi*, Istanbul 2007, S. 158.

[39] Rāġib al-iṣfahānī, *Müfredat. Kur'an kavramları sözlüğü*, Istanbul [3]2012, S. 258.

Zahlreiche Hinweise aus den religiösen Quellen heben die Stellung der Liebe in Form von Menschenliebe hervor. Eine Verbindung zwischen der Liebe zum Schöpfer und der Liebe zu anderen Lebewesen wird ersichtlich, insofern „der Mensch [sich] über die Liebespädagogik durch die Leiter der menschlichen Liebe zur göttlichen Liebe hin bewegen“ kann.[40]

Das Phänomen der Liebe (*muḥabba*) wird in der islamischen Denktradition aus verschiedenem Perspektiven betrachtet und ist wichtiger Bestandteil der *aḫlāq*- und *Ṣūfī*-Literatur. Der muslimische Denker *Ibn Miskawayh* veranschaulicht im fünften Kapitel seines bekannten Werkes *tahzīb al-aḫlāq* die zentrale Bedeutung der Tugend der Liebe für eine gerechte Gesellschaft. Diese Liebe führe nämlich dazu, dass Individuen das gleiche Gute auch für andere Menschen wünschen, wodurch sich Vertrauen, Zusammenhalt und Hilfe nur unter denjenigen manifestieren kann, die eine liebevolle Beziehung zueinander hegen.[41]

Nach dieser Ausführung stellt der Autor einen Bezug zur Freundschaft her und beschreibt sie als eine besondere Art der Liebe (*mavadda, vudd*), deren Motiv allein ihr Selbstzweck sowie das Streben nach dem Guten ist. In der islamischen Ethik-Literatur wird Liebe (*muḥabba)* oft in Zusammenhang mit Freundschaft (*sadāqa*) thematisiert und betont, dass das grundlegende Motiv von Freundschaft die Liebe ist.[42] Diese Überlegung haben Ibn Miskawayh und andere muslimische Denker aus Aristoteles‘ Nikomachischer Ethik übernommen. Aristoteles klassifiziert die Freundschaft als Primärtugend und stellt sie als das Notwendigste im Leben dar: „Ohne Freundschaft möchte niemand leben, hätte er auch alle anderen Güter.“[43] Sofern der Bezugsrahmen dieser Freundschaft Liebe und Respekt ist, verhalten sich die Menschen nicht nur freundschaftlich, weil sie sich daraus Nutzen erhoffen, sondern sie erfülle einen Selbstzweck[44]: „Dem Freunde aber, sagt man, muss man um seiner selbst willen das Gute wünschen.“[45]Insofern betont auch Ibn Miskawayh die Bedeutung der Freundschaft für eine gerechte und stabile Gesellschaft, da nur wahre Freundschaft den Wunsch zum Guten hervorbringen könne.[46] Psychologisch betrachtet lässt sich dies mit dem Prinzip der

[40] Reza Hajatpour, *Sufismus und Theologie. Grenze und Grenzüberschreitung in der islamischen Glaubensdeutung*, Baden-Baden 2018, S. 96.

[41] Ibn Miskawayh, *Tehzîbu'l-Ahlâk. Ahlâk Eğitimi*, Istanbul ²2017, S. 163.

[42] Işık, *Kultivierung des Selbst*, S. 239.; Ibn Miskawayh, *Tehzîbu'l-Ahlâk*, S. 166.

[43] Aristoteles, *Nikomachische Ethik*, Leipzig ²1911, S. 161.

[44] Işık, *Kultivierung des Selbst*, S. 239.

[45] Aristoteles, *Nikomachische Ethik*, S. 163.

[46] Ibn Miskawayh, *Tehzîbu'l-Ahlâk* S. 40 f.; İbrahim Maraş, *„Türk İslam düşünce tarihinde ahlak ve örnek metinler“*, S. 342.

Vertrautheit erklären, bei dem die Bereitschaft zu Mitgefühl und Prosozialität bei Personen aus der eigenen Gruppe wie Freunden oder Familienangehörigen höher ist als bei Fremden: „Wie wir aus Experimenten wissen, verbessern hilfsbedürftige Menschen ihre Chancen, Hilfe und Sympathie zu erhalten, wenn sie zur In-Group gehören […]".[47]

Auch wenn die mitfühlende Reaktion bei fremden Personen trotzdem existiert, wird davon ausgegangen, dass dieser Impuls schwächer ist und daher leichter zurückgedrängt werden kann.[48] Diese Erklärung unterstreicht den signifikanten Einfluss von emotionalen Bindungen auf das ethische Verhalten und stellt die Freundschaft sowie die Liebe als eine fundamentale Tugend zur Realisierung von Mitgefühl in der Gesellschaft dar. Einen Zusammenhang zwischen Mitgefühl und Liebe stellt auch Nussbaum dar, die Liebe als die Wurzel aller Emotionen sowie der Gerechtigkeit sieht: „Die Art von […] Einfühlungsvermögen, die eine Gesellschaft braucht, speist sich […] aus Liebe. Gerechtigkeit braucht somit Liebe."[49] Auch Işık bezieht sich auf Ausführungen, die die Rolle von Liebe für eine stabile Gesellschaft betonen. So versteht sie die „Tugend Freundschaft wie auch Liebe […] als die Grundlage aller Tugenden [, die] auf die Menschenliebe hinaus[laufen]. Ohne diese grundsätzliche Menschenliebe ist ein gesellschaftliches Zusammenleben unmöglich."[50]

Eine gesellschaftliche Funktion der Liebe wird in Māwardīs wohlbekanntem Werk *adab ad-dunyāʾ wa ad-dīn* thematisiert.[51] In seinem Kapitel über die Glückseligkeit stellt er die Bedeutung der Nächstenliebe heraus und zeigt damit die Abhängigkeit des einzelnen Menschen von seinen Nächsten, sodass das eigene Wohlergehen durch das des anderen bestimmt wird:

> „Es gibt kein Wohlergehen ohne seinen Nächsten. Wem es wohlergeht, obwohl die Welt in Verderbnis ist […], dem wird diese Verderbnis zuteil […], denn von ihr ersucht er Hilfe und in ihr bereitet er sich [auf das Jenseits] vor […]. Und wessen

[47] Bischof-Köhler, „*Empathie, Mitgefühl und Grausamkeit*", S. 56.

[48] Vgl. ebd.

[49] Martha C. Nussbaum, *Politische Emotionen. Warum Liebe für Gerechtigkeit wichtig ist*, Berlin 2014, S. 567–569.

[50] Işık, *Kultivierung des Selbst*, S. 240.

[51] Bahattin Akyol, „*Das ethische Konzept des Wohlergehens (ṣalāḥ) bei al-Māwardī*, in: Alsoufi, Rana/ Kurnaz, Serdar/ Sievers, Mira u. a. (Hg.), *Wege zu einer Ethik. Neue Ansätze aus Theologie und Recht zwischen modernen Herausforderungen und islamischer Tradition*, Baden-Baden 2023, S. 53.

Situation verdorben ist, während es der Welt wohl ergeht, der wird keinen Genuss an diesem Wohlergehen haben.“[52]

Diese Perspektiven zeigen, wie die Liebe eine wichtige Basis für soziale Harmonie und eine gerechte Gesellschaft darstellt. Wie die Barmherzigkeit ist sie aus der bedingungslosen Liebe und Barmherzigkeit Gottes erschaffen und den Menschen gegeben, mit dem Ziel, diese in der Handlung auszudrücken.[53] Vor diesem Hintergrund erscheinen ethische Konzepte, die wohlwollende Handlungen intendieren, zum Verständnis von Mitgefühl in islamischer Perspektive elementar, weshalb rekurrierend auf bisherige Ergebnisse diese im Folgenden skizziert werden sollen.

5.3 Zum theologischen Prinzip der Solidarität und Unterstützung

„Liebe und Barmherzigkeit drückt sich nicht in Worten aus, sondern in Handlungen des Menschen.“[54] Mit diesem Zitat weist Khorchide auf die bedingungslose Liebe und Barmherzigkeit Gottes hin, die er den Menschen als Gabe auferlegt hat. Aus dieser Gabe resultiert, wie auch Naurath in christlicher Perspektive konstatiert, die Auffassung von Mitgefühl als Aufgabe,[55] welcher der Mensch durch sein mitfühlendes Agieren nachgeht.

Verschiedene ethisch-islamische Konzepte konstatieren eine Dependenz zwischen dem Handeln und den mit ihm einhergehenden Motiven und Handlungen. Die Bereitschaft, sich mit den Sorgen und Problemen seiner Mitmenschen auseinanderzusetzen und sich in sie hineinzuversetzen (arab. *taʿāruf*),[56] trägt zur Entwicklung innerer Haltungen wie Vertrauen und Respekt bei und als Ergebnis auch zur Ausprägung von Mitgefühl.[57] In dieser Perspektive betont Işık auch die Bedeutung (wohltätiger) religiöser Praktiken, auf die in Koran und

[52] Akyol, *„Das ethische Konzept des Wohlergehens (ṣalāḥ)“*, S. 66 f.

[53] Khorchide, *Barmherzigkeit*, S. 85.

[54] Ebd.

[55] Naurath, *Mit Gefühl gegen Gewalt*, S. 260.

[56] Das arabische Wort *Taʿāruf* hat die Bedeutung „Das Wissen und Verstehen des Anderen“ und wird in diesem Kontext, auch von Işik, als die Fähigkeit zum Mitgefühl verstanden. Vgl. hierfür: Khaled Abou El-Fadl, *„When Happiness fails. An Islamic perspective“*, in: Journal of Law and Religion, Bd. 29, I (2014), S. 117.

[57] El-Fadl, *„When Happiness fails“*, S. 117.

Sunna hingewiesen wird, da diese Wohltätigkeit Mitgefühl und Hilfsbereitschaft ausdrücken.[58]

In der Literatur zur islamischen Ethik wird das Verhalten des Menschen in Beziehung zu anderen Menschen dezidiert beschrieben. So finden sich in den religiösen Quellen verschiedene Termini, welche die Bedeutung der Solidarität und des wohltätigen Handelns betonen und diese somit auch als wichtige ethische Prinzipien des islamischen Glaubens widerspiegeln. Zu den häufigsten verwendeten Begriffen im Kontext der Solidarität gehört bspw. *taʿāwun*, abgeleitet aus dem Wortstamm *ʿawn,* was im Sinne von „Hilfe leisten" verwendet wird.[59] Darüber hinaus werden in der Literatur Termini wie *taʿādud, tasānud* (gegenseitige Hilfe), *tawāsul* (Aufbau von Beziehungen) sowie *ʾulfa* (friedliches Zusammenleben bzw. Verbundenheit), *iḥsān* (Wohltätigkeit) und *infāk* (Spende) beschrieben, die spezifische Formen des wohltätigen Verhaltens ausdrücken.[60]

Vor dem Hintergrund der Ontologie des Menschen als soziales Wesen werden von muslimischen Denkern verschiedener Disziplinen die Solidarität und gegenseitige Unterstützung als notwendige menschliche Bedürfnisse herausgestellt und als Grundlage einer harmonischen Gesellschaft beschrieben.[61]

In philosophischer Perspektive stellt al-Farābī in seinem Werk *arāʾa ahl-al madīnati al-faḍīla* fest, dass Menschen andere Menschen benötigen und sich die Gründung von Gemeinschaften aus dieser Notwendigkeit ergibt.[62] Derselbe Denker führt die Ansicht an, dass daraus die Notwendigkeit der Verbundenheit, Liebe und Einheit zwischen den Menschen resultiert, da am ehesten durch diese Verbundenheit Menschen sich gegenseitig unterstützen und Hilfe leisten.[63] Die Interdependenz des inneren Zustandes mit solidarischem Verhalten und Hilfeleistungen sind auch in Beiträgen anderer muslimischer Autoren zu erkennen. So stellt das *Muqaddima* von Ibn Ḫaldūn ein Beispiel dafür dar, das die Menschen als soziale Geschöpfe, welche der gegenseitigen Hilfeleistung bedürfen, charakterisiert. Diese Bereitschaft der Hilfeleistung führt er auf die Zuwendung zu Gott und die Befreiung der Herzen von egoistischen Motiven zurück. In

---

[58] Işık, *Kultivierung des Selbst*, S. 240.

[59] Çağrıcı, *„Yardımlaşma"*, in: TDV Islam Ansiklopedisi, Bd. 43, Istanbul 2013, S. 332.

[60] Vgl. ebd.; Demir, *„tasānud"*, S. 526.

[61] Osman Demir, *„al-tasānud. Tesânüd"*, in: TDV Islam Ansiklopedisi, Bd. 40, Istanbul 2011, S. 527.

[62] Fārābī, *Ideal Devlet*, Istanbul ⁴2017, S. 134.

[63] Ebd. S. 135.

diesem Sinne wird eine islamtheologische Ansicht vertreten, welche die Verbundenheit der Menschen (innerer Zustand) in Abhängigkeit wohltätiger Handlungen betrachtet.[64]

Diese Ansicht wird auch von al-Māwardī vertreten, der wohltätigen Handlungen, die den Menschen von Gott auferlegt worden sind, eine gewisse Gefühlsdimension zuschreibt, was dann die zwischenmenschlichen Beziehungen verstärke.[65] In seinem Werk *adab ad-dunyā᾽ wa ad-dīn* beschäftigt er sich mit dem gesellschaftlichen Wohlergehen (*saʿāda*) und stellt hierfür die Verbundenheit der Menschen in den Vordergrund. Auch wenn er den Begriff *ulfa* nicht weiter definiert, wird er durch seine Verwendung als das harmonische Verhältnis oder die Verbundenheit der einzelnen Menschen mit anderen (Nächsten) verstanden.[66]

Für diese zwischenmenschliche Verbundenheit, durch die Harmonie in der Gesellschaft sowie ein individuelles Wohlergehen gewährleistet wird, stellt al-Māwardī verschiedene Ursachen (*sabab*) heraus, darunter insbesondere die Güte (*birr*). *„Birr ist die fünfte Ursache für die Verbundenheit, weil es die Herzen der Zuneigung (ilṭāf) zuführt und sie der Liebe (maḥabba) und dem Mitgefühl (inʿiṭāf) zuwendet.*“[67]

In einer theologisch-ethischen Perspektive lassen sich solche Handlungen als *birr* klassifizieren, die über eine bloße Handlungsdimension hinaus eine Gefühlsdimension aufweisen und dementsprechend mit dem Erreichen positiver Veränderungen im Herzen der Menschen zusammenhängen.[68] So sind nach Māwardī auch die Gefühlsaspekte Zuneigung, Liebe und Mitgefühl als die unmittelbare Folge von *birr*-Handlungen zu verstehen, welche wiederum die Verbundenheit der Menschen stärken und zum gesellschaftlichen Wohlergehen beitragen. Abbildung 5.1 veranschaulicht dieses Verhältnis.

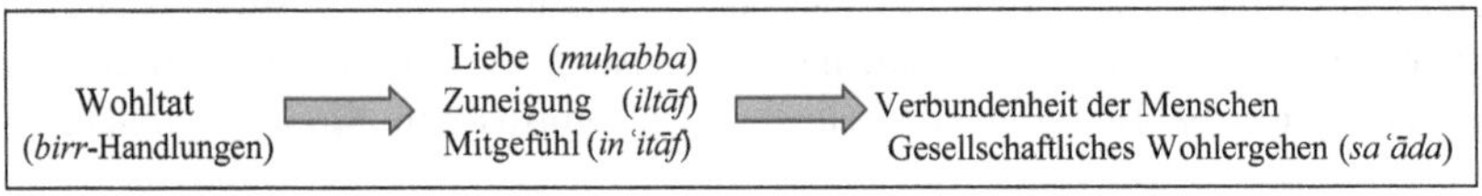

Abb. 5.1 Der Zusammenhang von Emotionen und gesellschaftlichem Wohlergehen. (Eigene Darstellung)

64 Demir, *„tasānud*, S. 527.

65 Vgl. Akyol, *„Wohlergehen (ṣalāḥ)“*, S. 76 f.

66 Vgl. ebd., S. 74.

67 Vgl. ebd. S. 74 f.

68 Vgl. Ebd. S. 75; Toshihiko Izutsu, *Ethico-Religious Concepts in the Qurʿān*, London 2002, S. 207 ff.

Eine Erwähnung des Begriffes *birr* findet sich im Koran (Sure 5/2) im Kontext von Gottesfurcht (taqwā), Liebe und sozialem Verhalten.[69] Māwardī folgert daraus eine enge Relation zwischen Gottesfurcht und *birr* und beschreibt sie als sich gegenseitig ergänzende ethische Tugenden. Während die Gottesfurcht die Liebe und Zufriedenheit Gottes einbringt, resultiert aus dem *birr* die Liebe und Zufriedenheit der Menschen.[70] Beide Arten der Liebe bzw. des Wohlwollens sind dem Autor zufolge erforderlich, damit das Individuum Glückseligkeit im Dies-und Jenseits erreicht.[71]

In Anbetracht dieser Ergebnisse wird deutlich, dass Handlungen auch eine den Charakter kultivierende Dimension aufweisen.[72] Die religiöse Pflichtabgabe (*zakāt*) kann bspw. als eine mögliche Kultivierungsübung verstanden werden, mit der die prekären Lebenssituationen präsent werden, sodass sich in die betroffenen Menschen hineinversetzt werden kann, was ein Gefühl von Trauer auslöst. Gleichzeitig wird dadurch die Zufriedenheit der Mitmenschen erreicht, was zum gesellschaftlichen Wohlergehen beiträgt und gleichzeitig den göttlichen Schöpfungswillen darstellt.

> An dieser Stelle wird sehr schön deutlich, dass sich äußere Formen auf das Innere des Menschen auswirken können und das Innere sich im Äußeren zeigen kann, geleitet von der Vorstellung, dass der Mensch ein göttliches Gesamtkunstwerk darstellt, in dem Inhalt und Form reziproke Einheit bilden. [...] So ist bspw. Das Fasten nicht nur eine Übung, um Leiblichkeit zu überwinden, sondern zugleich auch Begierden und Leidenschaften bändigen zu lernen. Ebenso sind Dürsten und Hungern das Fördern des Mitgefühls für hungernde Menschen.[73]

Dementsprechend lässt sich resümieren, dass es weniger um die Handlungen selbst geht, sondern um die zugrunde liegenden Haltungen und Motive.[74]

---

[69] Izutsu, *Ethico*, S. 207 ff.

[70] Ebd. S. 209; Ali Toksarı, „ *Birr*", in: TDV Islam Ansiklopedisi, Bd. 6, Istanbul 1992, S. 204.

[71] Akyol *„Wohlergehen (ṣalāḥ)"*, S. 76.

[72] Işık, *Kultivierung des Selbst*, S. 198.

[73] Ebd. S. 198.

[74] Vgl. Behr, *„Menschenbilder im Islam"*, S. 499.

5.4 Zur Verantwortungsmündigkeit

Die folgenden Darlegungen beschäftigen sich mit dem Verantwortungsverständnis des Menschen in einer islamisch-theologischen Perspektive. Der Zusammenhang des Verhältnisses von Verantwortung und Mitgefühl lässt sich ferner mit der Entwicklung von moralischen Gefühlen wie dem Mitgefühl erklären. Mit Keller gesprochen entstehen „moralische Gefühle [...], wenn Verpflichtungen oder Verantwortungen gegenüber anderen wahrgenommen oder verletzt werden."[75] Auch andere entwicklungspsychologische Aufsätze postulieren die Bedeutung des Verantwortungsgefühls im Kontext moralischer Gefühle.[76]So ist das im Menschen vorhandene Verantwortungsbewusstsein als eine von weiteren Bedingungen zu verstehen, die bei der Entstehung von Mitgefühl von Bedeutung ist.

In den Ausführungen verschiedener muslimischer Denker, wie bspw. al-Ġazālī oder Naǧm ad-dīn al-Kubrā, finden sich Ansätze, die den Menschen in Korrelation mit dem Makrokosmos, gemeint ist die Außenwelt oder die Schöpfung, beschreiben. Damit stellen sie die herausragende Bedeutung des Menschen dar, durch die Gott die gesamte Schöpfung betrachtet.[77] Diese Sichtweise unterstreicht die zentrale Stellung des Menschen im kosmischen Zusammenhang und impliziert Wertschätzung und Verantwortung, die mit der menschlichen Existenz verbunden ist.

Der Begriff „Verantwortung" (*taklīf*) steht in enger Beziehung zum koranischen Bild des Menschen als „Statthalter" (*ḫalīf*) Gottes, durch das er zur Aufrechterhaltung der Schöpfungsharmonie beauftragt wurde. Diese Vorstellung gründet sich auf die Erkenntnisfähigkeit des Menschen, durch die er die Möglichkeit hat, zwischen richtigem und falschem Verhalten zu unterscheiden und sich in seiner geistigen und ethischen Urteilsfähigkeit weiterzuentwickeln.[78]

Diese Verantwortungsübertragung an den Menschen umfasst das Individuum selbst sowie seine Mitmenschen und die gesamte Mitwelt.[79] Der Mensch steht

---

[75] Keller, „*Moralentwicklung*", S. 155.

[76] Vgl. Schwyzer / Malti, „*Kognition, Emotion, Verhalten*", S. 29.

[77] Vgl. Fritz Meier, *Die Fawāʾiḥ al-Kubrā wa-Fawātiḥ al ǧalal des Naǧm ad-dīn al-Kubrā. Eine Darstellung mystischer Erfahrungen im Islam aus der Zeit um 1200 n. Chr.*, Wiesbaden 1957, S. 67.; Vgl. Merdan Güneş, *Spiritualität bei al-Ġazālī. Der vollkommene Mensch und die Reise zu*
Allah", in: Raif G. Khory / Hüseyin I. Çınar. (Hg.), *Spiritualität in Religion und Kultur. Judentum-Christentum-Islam*, Mannheim 2014, S. 98.

[78] Vgl. Asmaa el-Maaroufi, *Ethik des Mitseins. Grundlinien einer islamisch-theologischen Tierethik*, Freiburg i. Br. u. a. 2021, S. 63.

[79] Vgl. Çaviş, *Den Koran verstehen lernen*, S. 39 f.

demzufolge als Statthalter Gottes auf Erden (*ḫalīfat'l arḍ*) für die „Aufrechterhaltung der schöpfungsmäßigen Ordnung und Harmonie der Welt, die von Gerechtigkeit, Liebe und Barmherzigkeit" geprägt ist.[80] Der Dienst am Menschen ist demzufolge auch als selbstverständliche Konsequenz dieses Verantwortungsbewusstseins zu verstehen:[81]

> Als Khalif[82] hat der Mensch den irdischen Auftrag, die ihm zur Verfügung stehenden materiellen und nichtmateriellen Ressourcen [...] in seinem eigenen Sinne, aber auch im Sinne seiner Mitmenschen verantwortungsvoll zu verwalten-mit dem Ziel, die Erde zu kultivieren und die Ordnung des Zusammenlebens zu wahren; und so die göttliche Liebe und Barmherzigkeit Wirklichkeit werden zu lassen.[83]

Ausgehend von diesem Menschenverständnis werden für die Islamische Religionspädagogik bestimmte Prinzipien abgeleitet, die es den Schülerinnen und Schülern ermöglichen, auf intellektueller und spiritueller Ebene als Subjekte zu agieren, sodass sie Verantwortung nicht nur für sich selbst, sondern auch für andere übernehmen können.[84]

5.5 Zwischenbilanz: Zum Stellenwert des Mitgefühls in der Islamischen Religion

In den bisherigen Ausführungen konnte dargestellt werden, dass die einzelnen theologischen Termini wie Barmherzigkeit *(raḥma)* und Liebe (*muḥabba*) enge Verbindungen aufweisen und sowohl den inneren Zustand des Menschen als auch eine daraus resultierende Handlungsdisposition unterstreichen. In diesem Sinne spiegeln wohltätige Handlungen (wie etwa Solidarität und Hilfeleistungen) wichtige ethische Prinzipien wider, die sich durch die Freiheit des Menschen

---

[80] Abdullah Takım, „*Grundlegung einer Islamischen Religionspädagogik im europäischen Kont*ext, in: Sarıkaya, Yaşar/ Bäumer, Franz-Josef: *Aufbruch zu neuen Ufern. Aufgaben, Problemlagen und Profile einer Islamischen Religionspädagogik im europäischen Kontext*, Münster/New York 2017, S. 104.

[81] Vgl. Ebd.

[82] Wie bereits tangiert, verweist der Begriff „Khalif" (ḫalīf) auf die Rolle des Menschen, verantwortungsbewusst mit der Schöpfung umzugehen.

[83] Khorchide, *Barmherzigkeit*, S. 96.

[84] Vgl. Çaviş, *Den Koran verstehen lernen, S. 40.*

sowie seine Vernunftmündigkeit und Handlungsfähigkeit als Möglichkeit zur Verwirklichung der göttlichen Intention beschreiben lässt.[85]

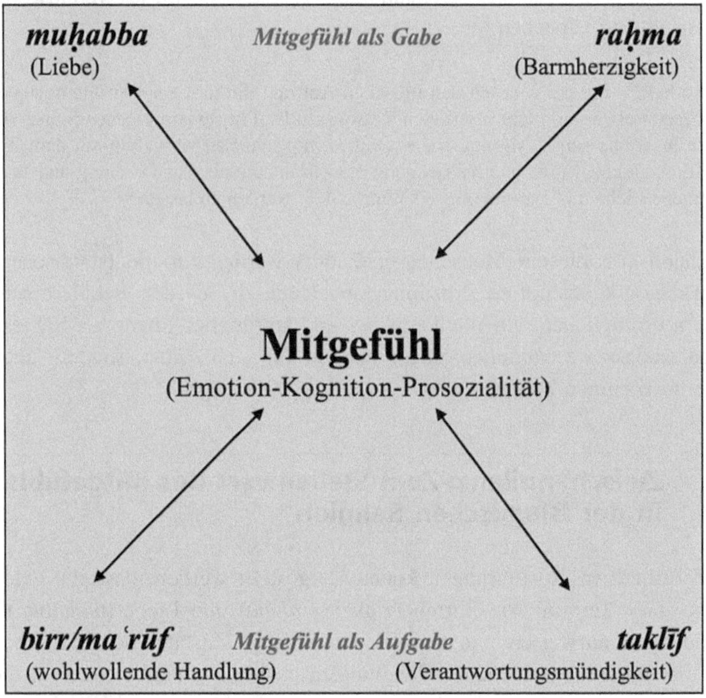

Abb. 5.2 Die theologische Verortung von Mitgefühl. (Eigene Darstellung)

Die Abbildung 5.2 stellt die Facetten von Mitgefühl graphisch dar. Mitgefühl ist in diesem Sinne zu verstehen als eine mögliche Handlungsdisposition für die Erfüllung religiöser Praktiken, wie z. B. die Pflichtabgabe (*zakāt*), das Fasten (*ṣawm*) sowie freiwillige Abgaben (*ṣadaqa*). Mitfühlende Menschen neigen hiermit mehr dazu, auf Basis eines religiösen Bewusstseins die Mitmenschen zu unterstützen und ihnen aus dem Leid herauszuhelfen. Gleichzeitig wird damit die persönliche Beziehung zu Gott gewahrt. In diesem Sinne übernimmt Mitgefühl eine Motivationsfunktion (*Mitgefühl als Motivation*).

[85] Khorchide, *Barmherzigkeit*, S. 85.

Darüber hinaus zeigt sich, dass religiöse Praktiken darauf angelegt sind, bestimmte Handlungsdispositionen wie das Mitgefühl zu fördern und zu stärken. So wird es z. B. dem Individuum durch das Fasten möglich gemacht, sich in andere Menschen besser einzufühlen. Dass Gott diese Praktiken dem Menschen auferlegt hat, führt zu der Annahme, dass er ihn zum Mitfühlen anregen möchte. In dieser Perspektive erscheint Mitgefühl als eine Konsequenz, die durch religiöse Praktiken entsteht (*Mitgefühl als Folge*).

In diesem Sinne kann konstatiert werden, dass „[...] das Resultat oder Ziel auch gleichzeitig der Grund bzw. die Intention der Handlung [ist], was dem telelogischen Ethikverständnis entspricht."[86] Auf diese Weise bekommt das empathische Mitgefühl für die Islamische Religionspädagogik eine zweifache Bedeutung und steht daher vor der Herausforderung, Konzepte für seine Förderung im Islamischen Religionsunterricht zu entwickeln:

> Der Mensch ist in der Lage, seine Beziehung zu Gott und zu seinen Mitmenschen sowie sein Handeln in der Welt aktiv und willentlich zu gestalten: Seine Sprachfähigkeit, seine allgemeine und soziale Lernfähigkeit sowie seine sprachgestützte Denk- und Vernunftfähigkeit, aber auch seine Fähigkeit zu Empfindung und zu ästhetischer Erfahrung beruhen einerseits auf von Gott gegebenen (natürlichen) Anlagen beziehungsweise Strukturen, bedürfen andererseits aber der Entwicklung. Der Mensch ist zu dieser Entwicklung bereit, dabei aber auf Entwicklung angewiesen.[87]

Daraus resultieren hauptsächlich zwei Konsequenzen für die Islamische Religionspädagogik: Der Mensch ist einerseits von Gott mit multidimensionalen Fähigkeiten ausgestattet, die ihn dabei unterstützen, seine Beziehung zu Gott und seinen Mitmenschen sowie sein Handeln in der Welt zu gestalten. Diese Aspekte erfordern aber andererseits eine kontinuierliche Weiterentwicklung. Religiöse Bildung steht demnach vor der Herausforderung, den Bildungsprozess der Lernenden, welcher verschiedene menschliche Dispositionen umfasst, zu initiieren.[88]

---

[86] Akyol, „*Wohlergehen (ṣalāḥ)*", S. 79.

[87] Behr, „*Menschenbilder im Islam*", S. 499.

[88] Nauarth, *Mit Gefühl gegen Gewalt*, S. 260.

6 Religionspädagogische Perspektiven zur Förderung von Mitgefühl

Auf Grundlage der dargestellten theologischen Verortung von Mitgefühl, das insbesondere auf dem Prinzip der Barmherzigkeit basiert, zeigt sich die Evidenz einer religionspädagogischen Perspektive zur Förderung von Mitgefühl im Islamischen Religionsunterricht. Dies soll auch den bildungstheoretischen Anforderungen an eine emotional-ethischen Bildung gerecht werden.

Für das emotional-ethische Lernen erweisen sich auf Grundlage religionspädagogischer Forschungsergebnisse sowohl die Kompetenzen der Lehrkraft und das Unterrichtsklima als auch die didaktisch-methodischen Lernformen des Religionsunterrichts als grundlegend.[1] Im Folgenden werden aus der religionspädagogischen Literatur zur Förderung emotionalen Lernens im Religionsunterricht didaktisch-methodische Lernarrangements systematisch dargestellt, sofern sie potenziell die Förderung von Mitgefühl im Kontext ethischer Bildung im Religionsunterricht unterstützen.

6.1 Subjektorientierung und Wertschätzung

Eine Didaktik, welche die Gefühle im Allgemeinen und Mitgefühl im Besonderen berücksichtigen soll, hat das didaktische Prinzip der Subjektorientierung zu berücksichtigen.[2] Was die Subjektorientierung zu bedeuten hat und wie sie in

[1] Vgl. Kohler-Spiegel, „*Emotionales Lernen*", S. 301.

[2] Zu entnehmen aus: Elisabeth Naurath, „*Warum der Religionsunterricht für die Werte-Bildung so wichtig ist*", in: *Loccumer Pelikan. Religionspädagogisches Magazin für Schule und Gemeinde* 1/13 (2013) S. 6.

G. Aydin, *Die Signifikanz von (Mit-)Gefühl für die ethische Bildung in der Islamischen Religionspädagogik*, BestMasters,
https://doi.org/10.1007/978-3-658-46770-8_6

islamisch-theologischer Perspektive begründet werden kann, soll im Folgenden aufgeführt werden.

Im Zuge des Aufkommens konstruktivistischer Lehr- und Lehrtheorien seit Mitte des 20. Jahrhunderts findet das Prinzip der Subjekt- und Lebensweltorientierung in der Christlichen Religionspädagogik und -didaktik hohe Resonanz.[3] Der christliche Religionspädagoge Martin Rothgangel hat mit seinen 12 Thesen einen Diskussionsanstoß gegeben, mit dem eine subjekt- und lebensweltorientierte Religionspädagogik reflektiert werden soll.[4] Ferner wird angeführt, dass die Subjekt- und Lebensweltorientierung sowohl mit unterschiedlichen didaktischen Konzeptionen als auch mit dem Evangelium kompatibel sei. Sie wird im Allgemeinen als ein Prozess beschrieben, in der „Schülerinnen und Schüler als Subjekte ihrer (religiösen) Biografie ernstgenommen" werden, sodass die Lernenden im Zentrum des Bildungsprozesses stehen.[5]

In aktuellen islamisch-religiösen Ansätzen wird der Mensch beschrieben als ein vernunftbegabtes, emotionales, mit Würde ausgestattet, freies und mündiges Subjekt.[6] Daraus resultiert die Freiheit des Einzelnen, eigenständig zu denken, zu fühlen und zu handeln.[7] So gewinnt der gegenwärtige Diskurs über den Vorzeichenwechsel von einer Vermittlungs- zu einer dezidiert subjektorientierten Didaktik im Kontext der Islamischen Religionspädagogik an Bedeutung und wird für den Kontext ethischer Bildungsprozesse sowie in Bezug auf emotional-ethisches Lernen verstärkt. Denn durch sie werden Schülerinnen und Schülern Wege eröffnet, ihre Erfahrungen, Gefühle und Gedanken wahrzunehmen und im Unterrichtsprozess anzuwenden.[8] Naurath betont die Relevanz einer pädagogischen Haltung der ‚Wertschätzung', was im engeren Sinne darauf deutet, alle Gefühle zunächst zuzulassen und wertzuschätzen, ohne erwünschte Emotionen aufzuzwingen.[9] Dies erfordert im Allgemeinen eine Grundhaltung der Wertschätzung, die auf der Beziehungsebene zwischen den Lernenden untereinander sowie zwischen der Lehrkraft und den Lernenden auf Anerkennung und Achtung des

[3] Vgl. Caviş, *Subjektorientierung*, S. 27.

[4] Vgl. Martin Rothgangel, „*Alltag und Evangelium im Kontext einer subjekt-und lebensweltorientierten Religionspädagogik. Zwölf Thesen zur Diskussion*", in: Theo-Web-Wissenschaft, S. 118.

[5] Ebd. S. 120.; Vgl. Caviş, *Subjektorientierung*, S. 27.

[6] Vgl. Caviş, *Subjektorientierung*, S. 38.

[7] Mizrap Polat „*Menschenbild und Menschenbildung im Islam*", S. 163; Caviş, *Subjektorientierung*, S. 38 f.

[8] Vgl. Naurath, *Religionsunterricht für die Werte-Bildung*, S. 6.

[9] Ebd.; Petermann/Wiedebusch, *Emotionale Kompetenz*, S, 174.

Subjektes gründet.[10] Daher ist im Religionsunterricht die Beziehungsebene aller Beteiligten zu reflektieren und sind ggf. Maßnahmen zu ergreifen, die diese stärken.

6.2 Zur Rolle der Lehrkraft

Da die Lehrkräfte den Lernprozess initiieren, sind sowohl ihre didaktisch-methodischen Entscheidungen als auch ihre persönlichen Kompetenzen für eine adäquate Unterrichtsrealisierung im Sinne einer mitgefühlsorientierten ethischen Bildung von Bedeutung. Wie in Abschnitt 6.1. aufgezeigt werden konnte, ist es Aufgabe der Lehrkraft, eine subjektorientierte Unterrichtsgestaltung zu ermöglichen. Dies erfordert, sich mit der Lebenswelt der Lernenden auszukennen und demgemäß ansprechende Themen auszuwählen. Wie bereits angesprochen werden konnte, ist eine pädagogische Grundhaltung der Wertschätzung essenziell, was mit der Beziehung zu den Lernenden einhergeht. Einen weiteren wichtigen Kontext stellt nach Kohler-Spiegel die persönliche emotionale Kompetenz der Lehrkraft dar. So seien die Wahrnehmungsfähigkeit und die Kenntnis der eigenen Gefühle sowie deren angemessene Artikulation und Regulation eine wichtige Basis ihrer Profession.[11] In diesem Sinne weiß die Lehrkraft um ihre eigenen Gefühle und kennt geeignete Strategien, mit diesen adäquat umzugehen. Dadurch kann gewährleistet werden, dass sie auch auf die Gefühle anderer (z. B. der Lernenden) gegenüber verständnisvoll und sensibel reagiert.[12] Darüber hinaus verfügt sie über ein angemessenes sprachliches Ausdrucksvermögen, sodass sie ihre Gefühle benennen, differenzieren und einordnen kann.[13] Des Weiteren nennt Kohler-Spiegel den Aspekt der Achtsamkeit, durch die sie aufmerksam ist und die Gefühle anderer wahrnehmen und verstehen kann.[14] Diese Darstellung von Kohler-Spiegel weist verstärkt darauf hin, dass eine angemessene Unterrichtsgestaltung eine Selbstreflexion der Lehrkraft erforderlich macht.

Damit ethische Bildung in ihrer lebensbedeutsamen Relevanz zugänglich wird und nicht nur im Theoretisieren aufgeht, bedarf es verschiedener Lernzugänge, die nicht nur die kognitive Lerndimension ansprechen, sondern auch die affektive und praktische Ebene berücksichtigen. Demnach gehört das Wissen um diese

---

[10] Naurath, *Religionsunterricht für die Werte-Bildung*, S. 6.

[11] Vgl. Kohler-Spiegel, *Emotionale Kompetenz*, S. 299.

[12] Vgl. Ebd.

[13] Vgl. Ebd. S. 299 f.

[14] Vgl. Ebd.

verschiedenen Lerndimensionen zur Professionalität der Lehrkraft.[15] Im Folgenden werden für die Realisierung emotional-ethischer Bildungsprozesse wichtige Schritte dargestellt, die exemplarisch mit einigen Lernmethoden konkretisiert werden.

6.3 Religionsdidaktische Lernanlässe

Im vorliegenden Kapitel wird die Frage nach potenziellen Lernanlässen untersucht, die dazu beitragen können, Mitgefühl im Unterricht zu fördern. Hierfür bieten die von Petermann und Wiedebusch aufgestellten Aufgaben zur Förderung emotionaler Kompetenzen einen religionspädagogischen Rahmen, der die Aspekte emotional-ethischer Bildungsprozesse beleuchtet.[16] Im Folgenden werden diese Schritte aufgenommen und in Bezug auf die Islamische Religionspädagogik reflektiert:[17]

- *Förderung des Erlebens positiver Emotionen als Grundbedingung gelingender religiöser Bildungsprozesse*: Unter diesem Punkt erscheint im Allgemeinen ein angenehmes und respektvolles Arbeitsumfeld von besonderer Bedeutung. Darüber hinaus muss der Religionsunterricht Situationen schaffen, in denen (positive) Gefühle aufkommen und erlebt werden können. In diesem Sinne wird vor allem die praktische Ebene der religiös-ethischen Bildung angesprochen.
- *Wahrnehmung und Ausdruck von Emotionen*: Der Religionsunterricht versteht sich nicht nur als ein Ort, Wissen (kognitiv) zu erlernen, sondern trägt zur Affektbildung, als „*Fähigkeit des Verstehens eigener und ... Einfühlung in fremde Gefühle bzw. Gefühlsäußerungen*" bei.[18] In diesem Sinne ist die Schulung der Wahrnehmungsfähigkeit von Schülerinnen und Schüler zentral, um die eigenen und fremden Gefühle erkennen zu können. Für den Religionsunterricht stellen vor allem Wege der Besinnung eine Möglichkeit dar, um

[15] Vgl. Lindner, *Wertebildung*, S. 272.

[16] Vgl. Petermann/ Wiedebusch, *Emotionale Kompetenz bei Kindern*, S. 46–90. Diese wurden von Naurath systematisch dargestellt. Vgl. hierfür: Naurath, *Mit Gefühl gegen Gewalt*, S. 261–267.

[17] Petermann und Wiedebusch merken an, dass die Zielgruppen hierfür Vorschul-und Grundschulkinder seien. Ich glaube allerdings, dass dieses Schema auch auf Schülerinnen und Schüler der Sekundarstufe I angepasst werden können, indem das Abstraktionsniveau erhöht wird. Vgl.: Petermann/ Wiedebusch, *Emotionale Kompetenz bei Kindern*, S. 208.

[18] Naurath, *Mit Gefühl gegen Gewalt*, S. 262.

sich über die eigenen Gefühle bewusst zu werden sowie diese zum Ausdruck zu bringen. Meditationsübungen, Stilleübungen, Bildbetrachtungen sind einige Beispiele hiervon.[19] Als Formen der Meditationsübungen dienen Imaginationen sowie Phantasiereisen.[20] Für den islamischen Religionsunterricht stellt auch das Gebet oder das Gottesgedenken (*ḏikr*) eine Möglichkeit dar, in der das Individuum eine intensive Konzentration auf sein Selbst erreichen kann.[21] Während des *ḏikr* oder des Gebetes wird eine bewusste Verbindung zu Gott aufgebaut, die es dem Einzelnen ermöglicht, sich seinen Gefühlen und Gedanken zu fokussieren.[22] Dieser Prozess kann als ein Moment der Selbstreflexion verstanden werden, durch die eigene Gefühle wahrgenommen und zum Ausdruck gebracht werden können. Wie bereits tangiert, ist hierbei eine pädagogische Grundhaltung der Wertschätzung bedeutsam, durch die alle Gefühle und Gedanken ausgedrückt werden können.[23]

- *Schulung von Emotionsverständnis und Emotionswissen durch die Begegnung mit koranischen, prophetischen und anderen Narrationen*: Religiöse Erzählungen bieten Möglichkeiten an, um über Gefühls- und Handlungsdispositionen zu reflektieren, und gehören zur traditionellen Lehrform des Islam.[24] In diesem Sinne können anhand von Narration Wissen und Verständnis über Emotionen (u. a. Mitgefühl) realisiert werden, um über ethisches Verhalten nachzudenken und Wissen zu erweitern. Sowohl koranische Erzählungen als auch prophetische und nachprophetische Narrationen ermöglichen den Zugang zur Auseinandersetzung mit Gefühlen. In Abschnitt 6.3.2. wird exemplarisch eine koranische Narration zur Reflexion über Mitgefühl gezeigt. Hierbei bedarf es, wie eingangs erläutert, einer pädagogischen Grundhaltung der Wertschätzung, mit der nicht nur positive und wünschenswerte Emotionen am Beispiel der religiösen Figuren nachempfunden werden, sondern die eigenen Gefühle wahrgenommen und artikuliert werden können. Zum Ausdruck der Emotionen können handlungs- und produktionsorientierte Lernformen angewendet werden,[25] wie z. B. das Rollenspiel. – Das Lernen an Narrationen beinhaltet das

[19] Vgl. Ebd.

[20] Vgl. Elisabeth Naurath, „*Stille und Meditation.* ", in: Godwin Lämmermann / Elisabeth Naurath/ Uta-Pohl Patalong, (Hg.), *Arbeitsbuch Religionspädagogik. Ein Begleitbuch für Studium und Praxis*, Gütersloh 2005, S. 297.

[21] Işık, *Kultivierung des Selbst*,S. 199.

[22] Ebd.

[23] Vgl. Naurath, *Mit Gefühl gegen Gewalt*, S. 262.

[24] Vgl. Işık, *Kultivierung des Selbst*, S. 235.

[25] Vgl. Naurath, *Mit Gefühl gegen Gewalt*, S, 263.

Potenzial an, die Selbsterfahrung der Lernenden mit der Texterfahrung in Verbindung zu bringen und somit das Emotionswissen und -verständnis gemäß subjektorientierter Prinzipien weiterzuentwickeln.[26]

- *Strategien zur Emotionsregulation*[27]: Der Religionsunterricht kann Strategien zur Bewältigung von negativen Emotionen (wie Wut, Aggression und Trauer) anbieten, was für die Einsatz und die Förderung von Mitgefühl von entscheidender Bedeutung ist. Naurath betont, dass der erste Schritt hierbei darin besteht, diese Emotionen zu erkennen und auch auszudrücken.[28] Darauf aufbauend können religiöse Erzählungen als Mittel dienen, um ähnliche Emotionen aufzugreifen und zu reflektieren.[29] Durch solche Geschichten können Schülerinnen und Schüler verstehen, dass solche Emotionen nicht ungewöhnlich sind und auch in der religiösen Tradition aufkommen. Gleichzeitig lernen sie anhand dieser Beispiele, wie man mit diesen Emotionen umgehen und Mitgefühl anwenden kann.

Folgenden werden religionsdidaktisch zentrale Lernanlässe überblicksartig skizziert, die Lehrerinnen und Lehrern bei der Berücksichtigung von Gefühlen und der Entwicklung von Mitgefühl im Horizont religiös-ethischen Lernens unterstützen können.[30]

6.3.1 Modell-Lernen (Lernen an Vorbildern)

Die Thematisierung vorbildhafter Personen, die für gute Taten bekannt sind, stellt eine Möglichkeit für den Islamischen Religionsunterricht dar, über ethische Haltungen und Handlungen zu diskutieren. Die Begegnung mit Vorbildern bzw. Modellen wird in der Literatur oftmals angeführt, wenn es um die Frage nach der Entwicklung moralischer Grundhaltungen und Einstellungen geht, wie

[26] Vgl. Ebd. S. 263 f.

[27] Aufzählung folgt: Petermann/Wiedebusch, *Emotionale Kompetenz*, S. 208.

[28] Naurath, *Mit Gefühl gegen Gewalt*, S, 264.

[29] Vgl. ebd.

[30] Die im folgenden aufgeführten Lernanlässe wurden aus verschiedenen religionspädagogischen Aufarbeitungen nach ihrer Relevanz im Kontext der vorliegenden Fragestellung selektiert aufgenommen.

z. B. Mitgefühl.[31] Gleichwohl wird darauf hingewiesen, dass es sich bei den Vorbildern nicht nur um „unerreichbare Helden" handeln soll, sondern um ‚normale' Menschen, die Ungewöhnliches leisten konnten.[32]

Mit der Bezeichnung Modell-Lernen soll sich von der unreflektierten Nachahmung großer Vorbilder abgegrenzt und dazu angeregt werden, durch eine kritische Auseinandersetzung mit Lebensentscheidungen des Modells im sozialen Zusammenhang zu einem reflektierten eigenen Handeln befähigen.[33] Das Modell-Lernen erweist sich für den Kontext emotional-ethischer Bildung als signifikant, da durch ihn Deutungsangebote aus dem Leben fremder Personen zugespielt werden, mit denen sich die Lernenden auseinandersetzen können und ihren Werthorizont erweitern.[34]

6.3.2 Lernen an Narrationen

Seitdem die narrative Ethik die Bedeutung von Geschichten für die Konstitution der Identität und des moralischen Selbst herausgearbeitet hat, erfüllt das Lernen an Narrationen (auch Erzählungen) in der (Islamischen) Religionspädagogik im Kontext ethischer Lernprozesse eine wichtige Funktion.[35] Narrationen werden in der Islamischen Religionspädagogik nicht selten mit dem Erwerb der Deutungskompetenz in Verbindung gebracht, die dazu dient, religiöse Narrative kognitiv zu erfassen und zu deuten.[36] Überlieferungen sowie kulturelle Narrationen weisen oftmals ethische und emotionale Dimensionen auf, sodass sie sich als Exempel gut dazu eignen, Handlungs- und Emotionsdispositionen reflektierend zu erarbeiten[37] Mit den Worten von Işık können die Lernenden durch Narrationen "Erfahrungen und Positionen darüber kennenlernen, was ethisch gut ist, was glücklich macht. Dadurch können sie eine Vorstellung davon erhalten, was u. a.

---

[31] So z. B. bei Englert, „*Komponenten ethischen Lernens*", S. 115.

[32] Ebd.

[33] Vgl. Hans Mendl, *Modelle-Vorbilder-Leitfiguren. Lernen an außergewöhnlichen Biografien*, Stuttgart 2015, S. 46.

[34] Vgl. Mendl, „*Lernen an Vorbildern*", S. 299.

[35] Işık, *Kultivierung des Selbst*, S.; Vgl. Englert„„*Komponenten ethischen Lernens"*, S. 115.

[36] Fahimah Ulfat, „*Mit der Kraft der Narrationen in den Islamischen Religionsunterricht. Auf dem Weg zu einer narrativen Kompetenz*", in: Fahimah Ulfat u. a.(Hg.), *Islamische Bildungsarbeit in der Schule. Theologische und didaktische Überlegungen zum Umgang mit ausgewählten Themen im Religionsunterricht*, Wiesbaden 2021, S. 49 f.

[37] Vgl. Işık, *Kultivierung des Selbst*, S. 230–235.

auch Liebe, Freundschaft und Mitgefühl bedeutet und wie sie sich zeigen."[38] Das ethische Lernen an Narrationen zielt darauf ab, aus den (religiösen) Erzählungen ethische Implikationen herauszufiltern und darüber zu reflektieren, wie Handlungen sowie deren Motive und Folgen im Horizont der Religion bewertet werden können.[39]

Beispiele können aus den koranischen Prophetengeschichten angeführt werden. Die in *Sura* Yūsuf detailliert beschriebene Geschichte von ‚Prophet Yūsuf (Joseph) im Brunnen' stellt ein einzigartiges Beispiel dafür dar, über verschiedene Gefühle zu sprechen und ihre Auswirkungen auf das Handeln zu analysieren.

> Yūsuf war der Sohn von Prophet Yāqūb (Jacob) und wurde von seinem Vater sehr geliebt, was bei seinen Brüdern zu Eifersucht führte. So planten die Brüder von Yūsūf ihn loszuwerden, damit sie selbst die Aufmerksamkeit ihres Vaters auf sich ziehen konnten. Letztendlich beschlossen sie, Yūsuf in einen tiefen Brunnen zu werfen. Eines Tages kehrten die Brüder zum Vater Yāqūb zurück und erzählten ihm die Lüge, dass Yūsuf von einem Wolf gefressen worden sei. Als Beweis zeigten sie ihrem Vater sogar ein blutbeflecktes weißes Hemd von Yūsuf. Der Vater durchschaute die Lüge seiner Söhne und konnte seine Trauer nicht lindern. Yūsuf aber wurde eines Tages aus dem Brunnen gerettet und lebte viele Jahre ohne seine Familie, erlebte dabei viele Prüfungen und schwierige Zeiten. Letztendlich kam es zwischen Yūsuf und seinen Brüdern zu einer Wiederbegegnung. Yūsuf aber vergab ihnen das, was sie ihm angetan hatten und verurteilte sie nicht. Die Brüder erkannten die Barmherzigkeit und die Güte von Yūsuf und bereuten ihre schlechten Taten.[40]

In dieser Geschichte sind viele personale Haltungen und Eigenschaften von Yūsuf zu erkennen, die einerseits eine islamisch-ethische Grundhaltung betonen und zum anderen die Möglichkeit bieten, über diese Haltungen und Emotionen zu diskutieren. Zu diesen personalen Grundhaltungen und Eigenschaften gehören bspw. Großzügigkeit, Barmherzigkeit, Geduld, Aufrichtigkeit und Altruismus. Diese Eigenschaften werden wiederum durch das Mitgefühl gesteuert und führen letztendlich dazu, dass Yūsuf das ihm zugefügte Leid vergibt.[41]

Fragen wie: *„Wie hat sich Yūsuf wohl gefühlt"*, *„Warum hat er sich dennoch barmherzig zu seinen Brüdern verhalten?"*, *„Wie hätte ich mich gefühlt und wie hätte ich gehandelt?"* und *„Kann ich dieses Verhalten von Yūsuf nachvollziehen?"* können

[38] Ebd. S. 30.

[39] Vgl. Işık / Kamcili-Yildiz, *Ethisches Lernen,* S. 171.

[40] Koran 12/8–93. Die Narration wurde von der Verfasserin dieser Arbeit formuliert.

[41] Diese Ergebnisse führt Işık im Kontext einer anderen Narration an. Allerdings lassen sich die hier aufgezählten Eigenschaften auch auf die Geschichte von Prophet Yūsuf übertragen.

angebahnt werden, um die Wahrnehmungsfähigkeit, das Emotionsverständnis und das Emotionswissen von Schülerinnen und Schülern diskursiv zu erweitern.[42]

Darüber hinaus werden durch das Verhalten der Brüder auch Gefühlszustände wie Eifersucht/Neid und Schuldgefühl in den Vordergrund gerückt, die wiederum verhindert haben, mit Yūsuf mitfühlend umzugehen. In diesem Kontext kann reflektiert werden, inwiefern Gefühle das Verhalten beeinflussen. Auch hier kann eine Frage wie die *nach den Gefühlen der Brüder, nachdem sie Yūsuf in den Brunnen geworfen hatten*, Ausgangspunkt einer religiös-ethischen Diskussion darstellen und dazu dienen, Emotionen wahrzunehmen/zu erkennen und zu artikulieren. Aber auch die Gefühle des Vaters Yāqub stehen im Mittelpunkt der Erzählung. Wie bereits angesprochen, ist auch hierbei eine pädagogische Grundhaltung der Wertschätzung und Achtung von zentraler Bedeutung. Das bedeutet im Näheren, dass den Lernenden keine bestimmten zu erwartenden Gefühle oktroyiert werden, sondern dass ihnen der Zugang zu Wahrnehmung und Artikulation individueller Gefühle ermöglicht wird.

Anhand der vorgestellten Narration wird auch die inhaltliche Aufarbeitung von Gefühlen ermöglicht. Die Schülerinnen und Schüler beschäftigen sich mit den Konsequenzen von Gefühlen auf das Verhalten und können so das Verhältnis zwischen Emotion und Kognition nachvollziehen. Gleichermaßen ist auch der Einsatz von Hadithen geeignet, um mithilfe eines narrativen Lernvorgang emotionales Lernen zu ermöglichen. Dies wirft nicht zuletzt insbesondere die Frage einer adäquaten Koran- und Hadithdidaktik auf und weist somit auf eine didaktische Aufarbeitung hin.

6.3.3 Lernen mit Moralischen Dilemmata

Die von Kohlberg eingeführte ‚Dilemmata-Methode'[43] zur Entwicklung der moralischen Urteilsfähigkeit zielt primär auf die Erweiterung der kognitiven Denkstrukturen ab, mit denen moralisches Verhalten rational begründet werden soll. Diese ethische Diskursfähigkeit verdient aus einer (religions-)pädagogischen Perspektive Anerkennung, da sie vor allem den Bezug zur Praxis herstellt.[44] Im Kontext einer ethischen Bildung, die Gefühle in den Unterricht einbinden möchte, gewinnt diese Methode laut den Ausführungen von Bucher auch an Bedeutung.[45]

---

[42] Naurath, *Mit Gefühl gegen Gewalt*, S. 263.

[43] Vgl. Schwyzer / Mati, „*Kognition, Emotion, Verhalten*", S. 25.

[44] Bucher, „*Mehr Emotionen und Tugenden*", S. 97.

[45] Vgl. ebd.

Der Autor sieht in moralischen Dilemmata die Chance, moralische Emotionen zu verbalisieren und so in den Werturteilsprozess zu integrieren:

> Jedoch wäre es durchaus angemessen, im Religions- und Ethikunterricht vermehrt moralische Emotionen zur Sprache zu bringen, auch bei der Diskussion moralischer Dilemma, etwa bei dem weltbekannten von Heinz: Wie fühlt sich wohl seine Frau, nachdem es das Medikament gestohlen oder nicht gestohlen hat?[46]

So kann bspw. die bereits vorgestellte Narration über die Vergebung Yūsufs den Ausgangspunkt einer moralischen Diskussion darstellen, in der über das Mitgefühl Yūsufs mit seinen Brüdern reflektiert wird. Darin wird nicht nur die Gelegenheit gesehen, am Beispiel von Yūsuf fremde Gefühle zu verstehen und im Kontext religiöser Bedeutsamkeit zu reflektieren, sondern es können auch eigene Empfindungen angeregt werden, indem sich in seine Lage versetzt: „*Würde ich meinen Brüdern vergeben, wenn sie mir Schlechtes antun*?" Unter diesem Gesichtspunkt wird ein begründetes Werturteil gefällt, mit dem nicht nur die kognitive, sondern auch die affektive Dimension angesprochen wird. Vor allem für die höheren Stufen der Sekundarstufe I stellt das moralische Dilemma eine sinnvolle Methode dar, um Mitgefühl thematisch und prozesshaft in den Lernprozess zu integrieren.

[46] Ebd.

7 Eine Analyse der Bildungslehrpläne für den Islamischen Religionsunterricht im Hinblick auf die Förderung von Mitgefühl

7.1 Bildungslehrpläne für das Fach Islamische Religion

Kerncurricula bilden eine Grundlage für den Unterricht des jeweiligen Schulfaches und schaffen für Lehrkräfte einen Orientierungsrahmen.[1] Das Ziel vorliegender Lehrplananalyse ist es, Möglichkeiten der Förderung von Mitgefühl im Islamischen Religionsunterricht zu identifizieren. Zu beachten ist, dass die in den Lehrplänen verankerten Kompetenzerwartungen eine theoretische Standortbestimmung aufweisen und nicht den tatsächlich durchgeführten Unterricht abbilden.[2]

Folgende Lehrpläne liegen der folgenden Analyse zugrunde:

- Niedersachsen: Kerncurriculum für die Schulformen des Sekundarbereichs I, Schuljahrgänge 5–10, Islamische Religion und
- Nordrhein-Westfalen: Kernlehrplan für die Sekundarstufe I, Islamischer Religionsunterricht.

[1] Abdel-Rahman, *Kompetenzorientierung,* S. 229.
[2] Vgl. Ebd. S. 246.

Ergänzende Information Die elektronische Version dieses Kapitels enthält Zusatzmaterial, auf das über folgenden Link zugegriffen werden kann https://doi.org/10.1007/978-3-658-46770-8_7.

G. Aydin, *Die Signifikanz von (Mit-)Gefühl für die ethische Bildung in der Islamischen Religionspädagogik*, BestMasters,
https://doi.org/10.1007/978-3-658-46770-8_7

Beide Lehrpläne beziehen sich auf den Religionsunterricht gemäß Art. 7 Abs. 3 GG und werden von den jeweiligen Religionsgemeinschaften der Bundesländer genehmigt. In beiden Bundesländern wird der Islamische Religionsunterricht als „ordentliches Schulfach" an einer wachsenden Anzahl von Schulen der Sekundarstufe I regelmäßig und kontinuierlich erteilt.[3]

Die ausgewählten Bildungslehrpläne gelten für Sekundarstufe I und umfassen dementsprechend Jahrgang 5 bis 10, was einen Zeitraum von sechs Jahren abdeckt. Dieser Zeitraum ist größer als der der Primarstufe und daher aus entwicklungspsychologischer Perspektive besonders interessant, da er die Pubertät einschließt. Da die meisten Untersuchungen zum Mitgefühl sich auf die frühkindliche Phase oder die Primastufe beziehen, fokussiert die vorliegende Arbeit die spätere Kindheitsphase und die Adoleszenz, sodass die entsprechenden Lehrpläne herangezogen werden.

7.1.1 Das Kerncurriculum Islamische Religion für die Schulformen des Sekundarbereichs I in Niedersachsen

Die Kompetenzerwartungen im Kerncurriculum Niedersachsen bestehen aus inhaltsbezogenen und prozessbezogenen Kompetenzen:

- Die *inhaltsbezogenen* Kompetenzen umfassen die Gegenstandsbereiche des Unterrichts und stellen dementsprechend die inhaltliche Ausrichtung des Religionsunterrichts dar. Sie werden aus einer theologischen Systematik entwickelt und haben das Ziel, den langfristigen Aufbau der prozessbezogenen Kompetenzen zu ermöglichen.[4]
- Die *prozessbezogenen* Kompetenzen leiten sich hingegen aus den unterschiedlichen Zugängen zu Religion ab und beschreiben dementsprechend die Erschließungsdimensionen religiöser Kompetenz. Gleichzeitig bilden sie neben den inhaltsbezogenen Kompetenzen eine zweite inhaltliche Ebene ab, d. h. sie werden parallel zu bestimmten Themen behandelt.[5]

---

[3] Vgl. ebd. S. 236.

[4] Vgl. Niedersächsisches Kultusministerium, *Kerncurriculum. Islamische Religion,* S. 11.

[5] Vgl. Ebd.; Abdel-Rahman, *Kompetenzorientierung,* S. 252.

Die inhaltsbezogenen Kompetenzen fassen sich in sechs Kompetenzbereiche zusammen und beziehen sich immer auf die Doppelschuljahrgänge 5/6, 7/8 und 9/10: Nach

- dem Menschen,
- Gott, Glaube und eigenem Handeln,
- Koran und Sunna
- Muhammad, anderen Propheten und der Geschichte des Islams,
- Religionen sowie
- der Verantwortung des Menschen in der Welt fragen.[6]

Dic jeweiligen Kompetenzbereiche umfassen verschiedene inhaltliche Schwerpunkte, die einerseits konkret mit Lernzielen (und Operatoren) beschrieben werden, anderseits stichwortartig „mögliche Inhalte“ oder „Grundbegriffe für den weiteren Kompetenzerwerb“ beinhalten.

Die prozessbezogenen Kompetenzen gliedern sich hingegen in fünf Kompetenzbereiche, die ebenfalls jeweils in Doppelschuljahrgängen 5/6, 7/8 und 9/10 gefördert werden:

- Wahrnehmungs- und Darstellungskompetenz,
- Deutungskompetenz,
- Urteilskompetenz,
- Dialogkompetenz und
- Gestaltungskompetenz.[7]

Diese prozessbezogenen Kompetenzen werden im Kerncurriculum als ein kumulativer Prozess beschrieben und werden mit inhaltlichen Kompetenzerwartungen konkretisiert.[8] Abdel-Rahman schließt daraus, dass die prozessbezogenen Kompetenzen nicht nur als eine Erschließungsdimension zu verstehen sind, sondern eine zweite Inhaltsebene darstellen.[9]

[6] Niedersächsisches Kultusministerium, *Kerncurriculum. Islamische Religion,* S. 11 f.
[7] Vgl. Ebd. S. 15.
[8] Ebd. S. 11.
[9] Vgl. Abdel-Rahman, *Kompetenzorientierung*, S. 252.

7.1.2 Der Kernlehrplan Islamischer Religionsunterricht für die Sekundarstufe I in Nordrhein-Westfalen

Der Kernlehrplan Nordrhein-Westfalen wird in drei Bereiche unterteilt: Kompetenzbereiche, Inhaltsfelder und Kompetenzerwartungen. Die Kompetenzbereiche sind die Erschließungsdimensionen und umfassen vier Schwerpunkte, nämlich:

- *Sachkompetenz*: Fähigkeit, religiös bedeutsame Inhalte wahrzunehmen, zu beschreiben, einzuordnen und zu deuten.
- *Methodenkompetenz*: Fähigkeiten, fachbezogene Prozesse und Strukturen mittels geeigneter Verfahren selbstständig zu erschließen, zu analysieren, zu beurteilen und darzustellen.
- *Urteilskompetenz*: Fähigkeit, in religiösen Fragen einen eigenen Standpunkt vor dem Hintergrund eines islamischen Horizonts zu entwickeln und eigene, sachlich begründete Urteile zu formulieren.
- *Handlungskompetenz*: erwächst aus Sach-, Methoden- und Urteilskompetenz und umfasst die Teilnahme am religiösen/interreligiösen Dialog sowie Handeln und Mitgestaltung religiöser Prozesse.[10]

Die Inhaltsfelder bilden die Gegenstandsbereiche bzw. die thematische Ausrichtung und werden konkret benannt:

- Islamische Glaubenslehre,
- Gemeinschaft der Propheten,
- Entwicklungsgeschichte des Islam,
- Koran und Sunna,
- Islamische Religionspraxis,
- Verantwortliches Handeln sowie
- andere Religionen und Weltanschauungen.[11]

Diese Inhaltsfelder werden für zwei Altersstufen festgelegt: für den Doppeljahrgang 5/6 und die Jahrgang 7 bis 10. Dabei werden diese durch die beiden Kompetenzbereiche Sach- und Urteilskompetenz präzisiert. Im Gegensatz dazu

[10] Aufzählung folgt: Ebd. S. 267.

[11] Ministerium für Schule und Weiterbildung des Landes Nordrhein- Westfalen (Hg.), *Kernlehrplan für die Sekundarstufe I in Nordrhein- Westfalen. Islamischer Religionsunterricht*, Düsseldorf 2014., S. 20.

werden Methoden- und Handlungskompetenz als übergeordnete Fähigkeiten betrachtet und daher nicht explizit in den Kompetenzerwartungen angeführt.[12]

7.1.3 Darlegung der Analyseschritte des geplanten Vorhabens

Die zentrale Frage, die mithilfe der Analyse beantwortet werden soll, ist folgende: *Kann der entsprechende Lehrplan für Lehrerinnen und Lehrer die Grundlage zur Förderung des empathischen Mitgefühls für die ethische Bildung im islamischen Religionsunterricht schaffen*?

Da sich die Lehrpläne beider Bundesländer in ihrer Struktur unterscheiden, werden sie einzeln untersucht. Sie unterliegen derselben Analysestruktur, die sich aus den Leitfragen ergibt, die in Abschnitt 7.2 formuliert werden.

Hierfür werden in der Analyse sowohl die Kompetenzbereiche als auch die auf sie bezogenen Gegenstandbereiche untersucht, um sowohl Möglichkeiten für die inhaltliche Auseinandersetzung mit Mitgefühl als Phänomen herauszustellen als auch den Prozess der Erschließung von Mitgefühl im unterrichtlichen Geschehen zu identifizieren. Gleichzeitig wird untersucht, ob didaktisch-methodische Arrangements vorhanden sind, die bei der Förderung von Mitgefühl von Bedeutung sind.

Auf Basis der bisherigen Literaturanalyse, in welcher Mitgefühl in psychologischer und bildungspolitischer sowie islamisch-theologischer Perspektive wichtig erscheint, soll nun untersucht werden, inwiefern Mitgefühl Im islamischen Religionsunterricht zu behandeln ist. Mithilfe einer vergleichenden Lehrplananalyse soll eine Bestandsaufnahme der kompetenzorientierten Lehrpläne (auch: Curricula) ermittelt werden. Aufgrund der Begrenztheit der vorliegenden Masterarbeit, bei der eine theologisch-kontextuelle Verortung des Mitgefühls Vorrang hatte, kann diese Analyse nicht als empirische Untersuchung im Rahmen einer qualitativen Inhaltsanalyse vorgenommen werden. Um dennoch Nachvollziehbarkeit gewährleisten zu können, werden mit Rekurs auf die erarbeiteten Ergebnisse zu Mitgefühl Leitfragen formuliert. Diese Leitfragen dienen dazu, die Lehrpläne zu untersuchen und die potenzielle Förderung von Mitgefühl im Islamischen Religionsunterricht herauszuarbeiten.[13] Mit Roth gesprochen, leiten sich die Kriterien

[12] Vgl. Abdel-Rahman, *Kompetenzorientierung*, S. 267.

[13] Vergleiche hierfür: Andrea Roth, „*Lehrplananalyse*" in: Manfred L. Pirner / Martin Rothgangel (Hg.), *Empirisch forschen in der Religionspädagogik. Ein Studienbuch für Studierende und Lehrkräfte*, Stuttgart 2018. S. 224.

der Leitfragen aus den theoretischen Überlegungen ab, die im Zusammenhang mit der Gesamtuntersuchung stehen.[14]

Zuvor sind folgende Erkenntnisse aus der Literaturanalyse nochmals in Kurzfassung anzuführen:

- Durch die inhaltliche Auseinandersetzung mit Mitgefühl oder den theologischen Termini *raḥma, muḥabba, maʿrūf/birr* und *taklīf* werden die Schülerinnen und Schüler für die besondere Bedeutung von Mitgefühl sensibilisiert. Dieser Prozess der Aneignung geschieht zwar durch kognitive Verarbeitung, jedoch kann er als Motivation dienen, dieses Phänomen besser zu verstehen und in den eigenen Handlungen umzusetzen. Der Religionsunterricht bietet die Chance, zu Mitgefühl zu motivieren, da diese religiöse Vorstellung von Mitgefühl als Gabe und Aufgabe zu verstehen ist.
- Auch kann Mitgefühl im Aneignungsprozess selbst entwickelt werden, indem dieser zum Gegenstand des Lernprozesses wird. Das heißt, Schülerinnen und Schüler wenden Mitgefühl an, bspw. in Dilemmata, Narrationen oder realen Situationen (wie sozialen Projekten). Aber auch, wie Naurath feststellt, bieten Bildbetrachtungen, Meditationsübungen, spielerische Elemente und das kreative Schreiben Möglichkeiten an, Gefühle bewusst werden zu lassen.[15] Hierfür ist jedoch ein angemessenes Schul- und Arbeitsklima notwendig, damit die Lernenden ihre Gefühle ausdrücken können und sich wertgeschätzt fühlen.

Daraus folgt, dass für die Lehrplananalyse zur Identifikation von Mitgefühl sowohl inhaltliche Aspekte als auch prozessbezogene Aktivitäten untersucht werden. Die Analyse der Bildungslehrpläne wird dementsprechend mit folgenden Leitfragen vorgenommen, die auf beide zu untersuchenden Bildungslehrpläne angewandt werden:

- *Welche prozessbezogenen Aktivitäten werden im Kontext ethischer Bildung berücksichtigt?*
- *Inwiefern finden sich Hinweise auf die inhaltliche Förderung von Mitgefühl?*
- *Inwiefern orientieren sich die Lernziele an der Lebenswelt der Schülerinnen und Schüler?*
- *Welche didaktischen und methodischen Anregungen sind im Lehrplan beschrieben, welche die Förderung von Mitgefühl unterstützen?*

[14] Vgl. Ebd. S. 227.

[15] Vgl. Naurath, „*Perspektiven*", S. 221.

Im Folgenden werden diese Leitfragen erläutert und im Anschluss darauf als Unterkapitel für die Analyse herangezogen:

1) *Welche prozessbezogenen Aktivitäten werden im Kontext ethischer Bildung berücksichtigt?*

Bei der vorliegenden Leitfrage geht es um die Analyse der Erschließungsdimensionen der jeweiligen Bildungslehrpläne. Diese werden im Kerncurriculum Niedersachsen als „prozessbezogenen Kompetenzen" beschrieben, während der Kernlehrplan Nordrhein-Westfalen von „Kompetenzbereichen" spricht. Für die Analyse dieser Leitfrage werden lediglich diese übergeordneten Kompetenzbereiche berücksichtigt.

Die Erschließungsdimensionen strukturieren die fachlichen Schwerpunkte und beschreiben die Fähigkeiten, die im Lehr- und Lernprozess entwickelt werden sollen. Mit dieser Leitfrage sollen Möglichkeiten affektiver Lernprozesse in den Lehrplänen identifiziert werden, um darauf aufbauen Auskunft darüber geben zu können, inwiefern Mitgefühl nicht nur den inhaltlichen Themenschwerpunkt bildet, sondern auch selbst in den Lernprozess integriert ist. Die im Folgenden darzulegenden beiden Schritte werden übernommen.

Die Analyse erfolgt nach den Taxonomien affektiver Lernziele von Krathwohl und seinen Kollegen.[16] Die Autoren haben sich der Systematisierung affektiver Lernziele gewidmet, nachdem die kognitiven Lernziele immer mehr in den Vordergrund schulischer Lernprozesse gerückt sind.[17] Sie bilden neben den kognitiven und psychomotorischen Lernzielen eine wichtige Dimension des kompetenzorientierten Lehr- und Lernprozesses. Als affektive Lernziele lassen sich nach Krathwohl und Kollegen solche Lernziele charakterisieren, „die ein Gefühl, eine Emotion oder ein bestimmtes Maß von Zuneigung oder Abneigung betonen. Affektive Lernziele reichen von der einfachen Beachtung bestimmter Phänomene bis zu komplexen, aber in sich konsistenten Qualitäten des Charakters und des Bewusstseins".[18]

---

[16] David R. Krathwohl / Benjamin S. Bloom / Bertram B. Masia (Hg.), *Taxonomie von Lernzielen im affektiven Bereich*, Weinheim/Basel [2]1978.

[17] Vgl. Susan Göldi, *Von der bloobschen Taxonomy zu aktuellen Bildungsstandards. Zur Entstehungs-und Rezeptionsgeschichte eines pädagogischen Bestsellers*, Bern 2011, S. 26.

[18] Krathwohl / Bloom / Masia (Hg.), *Taxonomie*, S. 6.

Aspekte wie individuelle Einstellungen, kooperatives Arbeiten in Gruppen, Fähigkeit zur sensiblen Interaktion mit sich selbst und anderen sowie ethisches Handeln bilden den Kern der affektiven Dimension im Lernprozess.[19]

In Tabelle 7.1 ist die Klassifikation der affektiven Lernziele (Taxonomien) von Krathwohl und Kollegen zusammengestellt, ergänzt um Verben, die den jeweiligen Stufen zugeordnet werden können.

Tab. 7.1 Klassifikation affektiver Lernziele nach Krathwohl und Kollegen

Affektive Lernziele nach Grad der Internalisierung[20]		
Stufe	**Beschreibung**	**Mögliche Verben**
1. Aufnehmen	Reize oder Phänomene werden aufgenommen oder beachtet Aufmerksamkeit wird auf etwas gelenkt *Beispiel: Geräusche wahrnehmen, Bilder betrachten*	wahrnehmen, beachten, bemerken, aufmerksam werden, gewahr werden, bewusstwerden, auffallen, berücksichtigen, feststellen, auswählen, beherzigen […]
2. Reagieren	Bereitschaft zu aktiver Reaktion (Emotionalität erleben/dulden) *Beispiel: Seine Gedanken zum Bild aussprechen*	einwilligen, interessiert sein, empfinden, Anteil nehmen, angesprochen sein […]
3. Werte bilden	Verstehen und annehmen von (gesellschaftlichen) Werten	akzeptieren, einverstanden sein, gelten lassen, tolerieren, zulassen, anerkennen, überzeugt sein, sich einsetzen […]
4. Organisieren von Werten	Vergleich von Werten/ Einordnung in ein Wertesystem	abwägen, vergleichen, strukturieren, prüfen, Beziehungen herstellen, einstufen, würdigen […]
5. Internalisieren von Werten	Aufbau einer Werthierarchie; handeln/agieren nach eigenem Wertesystem	

[19] Vgl. Daniela Vogel, *Kognitive und soziale Kompetenz im Arztberuf. Ein Blick auf Erwerbs- und Erfassungsprozesse mit besonderem Fokus auf Empathie*, Wiesbaden 2019, S. 37.

[20] Karthwohl / Bloom /Masia, *Taxonomie*, S. 92–163. Ergänzt um Beschreibung und Verben nach: Hochschulrektorenkonferenz (Hg.), Nexus Impulse für die Praxis. Lernergebnisse praktisch formulieren (2015), Ausg. 2, S. 6.

In Anlehnung an diese oder der Semantik entsprechender Verben werden die Lernziele der Lehrpläne untersucht, um mögliche affektive Lernziele zu identifizieren. Den Forschungsergebnissen zufolge sind kognitive und affektive Lernziele allerdings nicht immer vollständig voneinander abzugrenzen.[21] Es zeigt sich in der Beschreibung der Taxonomien, dass ab Stufe 3 ein Wertbildungsprozess stattfindet, der auch durch kognitive Denkmechanismen beeinflusst wird. Dies wird in Stufe 4 „Organisieren von Werten“ deutlich erkennbar.

Daher ist es nicht möglich, die Lernziele mit Gewissheit in die jeweiligen Dimensionen zuzuordnen. Stattdessen werden exemplarisch einige Lernziele vorgestellt, bei denen das Potenzial eines affektiven Lernprozesses gesehen wird. Wie erwähnt können diese unter Umständen auch als kognitive Lernprozesse interpretiert werden.

Stufe 5 „Internalisieren von Werten“ bleibt aus der Analyse ausgeschlossen, da keine konkreten Vorschläge für Operationalisierungen ausfindig gemacht werden konnten.

Folgendes Beispiel aus dem Kerncurriculum Niedersachsen soll veranschaulichen, dass Lernziele oftmals auf mehrere Lernzugänge zurückzuführen sind:

Urteilskompetenz: „*Unterschiedliche muslimische Positionen im Hinblick auf Bekenntnis, Glaubenspraxis und Ethik vergleichen*“.[22]

2) *Inwiefern finden sich Hinweise auf die inhaltliche Förderung von Mitgefühl?*

Diese Leitfrage analysiert die inhaltliche bzw. thematische Ausrichtung der jeweiligen Bildungslehrpläne, um Möglichkeiten für die inhaltliche Förderung von Mitgefühl im Islamischen Religionsunterricht zu identifizieren. Es geht also um die Frage, welche Themen in den Lehrplänen verankert sind, die für die Lehrkräfte eine Möglichkeit anbieten, Schülerinnen und Schüler für das Thema des Mitgefühls zu sensibilisieren. Hierfür werden im Kerncurriculum Niedersachsen die inhaltsbezogenen Kompetenzen analysiert. Im Kernlehrplan Nordrhein-Westfalen sind sie hingegen den inhaltsfeldbezogenen Kompetenzerwartungen zugeordnet.

Wie bereits erwähnt beschreibt der Begriff Mitgefühl allerdings ein komplexes Phänomen, weshalb es auch nicht einfach ist, diese inhaltlich aus den Bildungslehrplänen zu bestimmen. Gemäß Abdel-Rahman können die Lehrpläne von vornherein nicht das ganze inhaltliche Spektrum abdecken, sondern nur einen Orientierungsrahmen schaffen.[23] Daraus lässt sich schlussfolgern, dass die

[21] Krathwohl / Bloom / Masia, *Taxonomie*, S. 80.

[22] Niedersächsisches Kultusministerium, *Kerncurriculum. Islamische Religion,* S. 15.

[23] Abdel-Rahman, *Kompetenzorientierung*, S. 246.

Lehrpläne möglicherweise ein Potenzial für die inhaltliche/thematische Auseinandersetzung anbieten, diese jedoch nicht konkret erwähnt wird.[24] Vor diesem Hintergrund werden für die Analyse auch die in Kapitel 5 herausgestellten theologischen Prinzipien Barmherzigkeit, (Nächsten-)Liebe, Aspekte von Solidarität und Unterstützung sowie die Verantwortung des Menschen für seine Um- und Mitwelt berücksichtigt. Auch Gefühle, die in der Literatur synonym mit Mitgefühl verwendet werden, wie z. B. Empathie und Einfühlung, werden einbezogen. Konkret definierte Inhalte, die sich auf Mitgefühl beziehen, werden besonders herausgestellt.

In Tabelle 7.2 wurden demnach sechs Kategorien angeführt, die für die Analyse von Mitgefühl bedeutend sind (linke Spalte) und mit weiteren begrifflichen Konkretisierungen (rechte Spalte) beschrieben.

Tab. 7.2 Kategorien zur Bestimmung der inhaltlichen Förderung von Mitgefühl

Kategorie	Zugehörige Begriffe
Mitgefühl	Mitgefühl
Gefühle	Empathie, Einfühlung, Empfindung, (Mit-)Leid, Gefühle (Schuldgefühl, Gewissen, Trauer etc.)
Barmherzigkeit	raḥma (auch raḥmān, raḥīm), Namen Gottes, Eigenschaften Gottes, Vergebung
Liebe (Nächstenliebe)	muḥabba, Familie, Freundschaft, Nachbarschaftliche Beziehungen, Naturschutz, Tierschutz, alle Menschen
Solidarität und Unterstützung	Iḥsān, Hilfeleistung, Beispiele aus dem Leben des Propheten, vorbildhaftes /gutes Verhalten, Spenden bzw. finanzielle Unterstützung (zakāt, sadaqa etc.), fasten
Verantwortung	ḫalīfat al-arḍ (Gottes Statthalter), Stellung des Menschen in der Schöpfung,

Die Zuordnung der Textinhalte zu den jeweiligen Kategorien erfolgt von der Verfasserin selbst, also ohne Verwendung von Computerprogrammen (wie z. B. MAXQDA).

[24] Da mit Feststellung von Abdel-Rahman die prozessbezogenen Kompetenzen im Kerncurriculum Niedersachsen als „zwei inhaltliche Ebene" zu verstehen sind, werden auch die Inhalte der prozessbezogenen Kompetenzen unter dieser Leitfrage gesichtet.

3) *Inwiefern orientieren sich die Lernziele an der Lebenswelt der Schülerinnen und Schüler?*

Diese Leitfrage orientiert sich an dem didaktischen Grundmodell der Lehrpläne. Der Schwerpunkt liegt auf der Perspektive der Biografie und Lebenswelt der Schülerinnen und Schüler, welche die Lernziele bestimmen und neben den theologischen Glaubensinhalten und gesellschaftlichen Themen eine wichtige Bezugsdimension in der Religionslehre darstellen.[25] Eine einseitige theologische Orientierung des Religionsunterrichts bezieht nämlich die Glaubens- und Alltagserfahrungen der Lernenden nicht ein und wird somit der Praxis gelebten Glaubens nicht gerecht.[26] Der Lebensweltbezug schließt existenzielle Fragen, Fragen nach dem Sinn des Lebens und der Hoffnung, Fragen nach dem Glauben und nach Orientierung und Fragen nach dem richtigen Handeln ein.[27] Der Bezug religiöser Inhalte auf die Lebenswelt der Schülerinnen und Schüler ist im Hinblick auf die Frage der Förderung von Mitgefühl relevant, da durch diese Anforderungssituationen geschaffen werden können, welche letztendlich den Zugang zu Emotionen sowie die Einbeziehung von Emotionen ermöglichen. Diese Leitfrage basiert auf Abdel-Rahmans Analyse der Bezugsdimensionen der Curricula, die im Kontext des didaktischen Grundmodells der Lehrpläne zum Tragen kommt.

4) *Welche didaktisch-methodischen Anregungen zum ethischen Lernen sind vorhanden, die zur Förderung von Mitgefühl beitragen können?*

Mit dieser Leitfrage soll untersucht werden, welche didaktisch-methodischen Hinweise die kompetenzorientierten Lehrpläne enthalten, was die Schulung von Mitgefühl im Kontext ethischen Lernens unterstützen kann. Hinweise auf Lehrmaterialien oder Lernzugänge stehen ebenfalls im Fokus der Untersuchung (wie z. B. Lernen am Modell, Lernen an Narrationen, Lernen mit Dilemmata etc.).

[25] Vgl. Abdel-Rahman, *Kompetenzorientierung*, S. 245.
[26] Vgl. ebd. S. 246.
[27] Vgl. ebd.

7.2 Zur Verankerung von Mitgefühl im Kerncurriculum Niedersachsen

7.2.1 Prozessbezogene Aktivitäten im Kontext ethischer Bildung

Das Kerncurriculum Niedersachsen stellt die Relevanz mehrdimensionaler Lernprozesse im Religionsunterricht vor und betont, dass dieser Sinn stiftende und Orientierung gebende Funktion aufzuweisen hat und dementsprechend über einen bloß religionskundlichen Unterricht hinausgeht.[28]

> Lernen orientiert sich im islamischen Religionsunterricht nicht ausschließlich an der Vermittlung elementarer Grundkenntnisse der Religionsausübung, sondern erfolgt in der Wechselwirkung und der Verknüpfung mit kognitiven, affektiven und sozialen Dimensionen gesellschaftlicher und individueller Lebensfragen.[29]

Die erwarteten Kompetenzen des Kerncurriculums verstehen sich als Fähigkeiten und Fertigkeiten, die den Schülerinnen und Schülern nicht nur bei der Aneignung intellektueller Fähigkeiten, sondern auch bei der ganzheitlichen Entwicklung unterstützen.[30]

In der Tabelle 7.3 wurden aus dem übergeordneten Kompetenzbereich (prozessbezogene Kompetenzen) entsprechende Kompetenzformulierungen den jeweiligen affektiven Taxonomien zugeordnet. In schwierigeren Fällen wurden die Kompetenzformulierungen *kursiv* gesetzt.

Tab. 7.3 Zuordnung affektiver Lernziele (Kerncurriculum)

Affektive Taxonomien	(Prozessbezogene) Kompetenzen	Häufigkeit
Stufe 1 (Aufnehmen)	– religiöse Phänomene in der pluralistischen Gesellschaft wahrnehmen und beschreiben – grundlegende religiöse Ausdrucksformen (Gebete Festrituale, Kleidung) im Hinblick auf die jeweilige Herkunftsreligion wahrnehmen und in verschiedenen Kontexten wiedererkennen – Kriterien für eine respektvolle Begegnung im Dialog mit anderen berücksichtigen	3x

(Fortsetzung)

[28] Vgl. Niedersächsisches Kultusministerium, *Kerncurriculum. Islamische Religion*, S. 5.

[29] Ebd.

[30] Vgl. ebd. S. 10.

Tab. 7.3 (Fortsetzung)

Affektive Taxonomien	(Prozessbezogene) Kompetenzen	Häufigkeit
Stufe 2 (Reagieren)	– *ästhetische Dimension des Korans (Rezitation, Kalligraphie) beschreiben und zum Ausdruck bringen*	1x
Stufe 3 (Werte bilden)	– *aus islamischer Perspektive einen eigenen Standpunkt zu religiösen und ethischen Fragen einnehmen und argumentativ vertreten*	1x
Stufe 4 (Organisieren von Werten)	– Interpretation islamischer Quellen in massenmedialen Angeboten im Hinblick auf theologische Angemessenheit einordnen – unterschiedliche muslimische Positionen im Hinblick auf Bekenntnis, Glaubenspraxis und Ethik vergleichen – bereit sein, die Perspektive des anderen einzunehmen und in Bezug zum eigenen Standpunkt zu setzen – Elemente der islamischen Feste zur Gestaltung des Schullebens einbringen und auf interreligiöse Begegnungsmöglichkeiten beziehen	4x

In der Untersuchung wurde deutlich, dass aus dem Kompetenzbereich „*Wahrnehmen und Darstellen*" zwei Kompetenzformulierungen identifiziert werden konnten, die dem Modell von Krathwohl u. a. zufolge der Stufe 1 (*Aufnehmen*) entsprechen können.

Es ist auffällig, dass die prozessbezogenen Kompetenzen keine ausdrückliche Aufforderung zur emotionalen Teilhabe enthalten. Im Zusammenhang mit Mitgefühl und ethischer Bildung ist die emotionale Betroffenheit und Reaktion der Lernenden zentral, um Mitgefühl in den unterrichtlichen Lernprozess zu integrieren. Stufe 2 *Reaktion* der affektiven Taxonomien befasst sich genau mit dieser emotionalen Betroffenheit. Allerdings stellt der Operator „zum Ausdruck bringen" ein mögliches Potenzial dar, mit dem der Ausdruck von Emotionen und Gefühlen ermöglicht wird. Wie bereits angesprochen, kann es sich auch auf die kognitive Ausdrucksweise beziehen, allerdings wird dies bei der ersten Betrachtung nicht ersichtlich und stellt dementsprechend in erster Linie kein Ausschlusskriterium dar.

Die Kompetenzformulierung „*Aus islamischer Perspektive einen eigenen Standpunkt zu religiösen und ethischen Fragen einnehmen*“ wurde der Taxonomie „Werte bilden“ zugeordnet, da diese eine Ähnlichkeit zum Operator „überzeugt sein“ aufweist.

Insgesamt macht die exemplarische Darstellung der prozessbezogenen Kompetenzbereiche deutlich, dass ethische und religiöse Themen und Fragestellung kognitive Lernprozesse die Kompetenzformulierungen dominieren. Hinweise darauf, mit Gefühlen umzugehen oder diese zu artikulieren, werden im Kerncurriculum nicht explizit erwähnt. Die Dialogkompetenz weist hinsichtlich ihrer Ausrichtung auf die Kommunikation über religiöse und ethische Fragen auch adäquates Potenzial zur Affektbildung auf. Im Gegensatz dazu ist die Deutungskompetenz auf die theologische und kognitive Ausrichtung des Lernprozesses ausgerichtet. Die Gestaltungskompetenz hingegen ermöglicht einen handlungs- und produktionsorientierten Lernzugang, weshalb in ihr auch Möglichkeiten gegeben werden können, soziale Gefühle wie Mitgefühl im Kontext ethischer Bildungsprozesse zu fördern.

7.2.2 Die Inhaltliche Förderung von Mitgefühl

In Tabelle 7.4 sind die Inhalte aus dem Bereich der inhaltsbezogenen Kompetenzen den jeweiligen Kategorien zugeordnet. Es wurden sowohl die konkret beschriebenen Lernziele („erwartete inhaltsbezogene Kompetenzen“) mit den jeweiligen Grundbegriffen als auch die „möglichen Inhalte für den Kompetenzerwerb“ angeführt, sofern sie sich der jeweiligen Kategorie zuordnen lassen konnten. Es ist zu beachten, dass einige Kompetenzen sich mehreren Bereichen zuordnen lassen konnten. In diesem Fall wurde nach dem Schwerpunkt entschieden.

Tab. 7.4 Zuordnung der inhaltsbezogenen Kompetenzen zu den Kategorien (Kerncurriculum)

Kategorie	Zugehörige Inhalte aus dem Lehrplan	Häufigkeit
Mitgefühl	Jg. 5/6: – erläutern Barmherzigkeit im Sinne von Mitgefühl und Anteilnahme als einen fundamentalen Bestandteil der Religionsausübung	1x
Gefühle	Jg. 5/6: – Empathie – Gefühle Jg. 7/8: – Gewissensbildung Jg. 9/10: – *Umgang mit Leid*	4x
Barmherzigkeit	Jg. 5/6: – Allahs Namen und seine Eigenschaften Jg. 7/8: – beschreiben die Eigenschaften Barmherzigkeit und Gerechtigkeit Gottes/Allahs und setzten sie zu ihrer Lebensgestaltung in Beziehung – Allah-Barmherzigkeit und Gerechtigkeit Jg. 9/10: – Sünde und Vergebung (tauba)	4x
Liebe/ Nächstenliebe	Jg. 5/6: – Familie – Freundschaft – Kinder in aller Welt – Tierschutz – Umweltschutz Jg. 7/8: – Nachbarschaftliche Beziehungen Jg. 9/10: – setzten sich mit Formen der Beziehungs-und Lebensgestaltung auseinander	7x

(Fortsetzung)

Tab. 7.4 (Fortsetzung)

Kategorie	Zugehörige Inhalte aus dem Lehrplan	Häufigkeit
Solidarität und Unterstützung	Jg. 5/6: – Egoismus/soziales Miteinander – Ich/Wir – Fasten – ausgewählte Hadithe für „gutes Verhalten“: Anlass und Umwelt – beschreiben wichtige Lebenssituationen des Propheten Muhamma und ordnen diese in Zeit und Umwelt ein – Mohammads Persönlichkeit in ausgewählten Lebenssituationen – arbeiten die Bedeutung ausgewählter Prophetengeschichten heraus – Kinderrechte – Goldene Regel – Fairer Handel Jg. 7/8: – Ehrenamt – Freiwilliges Soziales Jahr – Umgang mit Anderen (ādāb) – setzen sich mit religiösen und gesellschaftlichen Aspekten des eigenen Handelns auseinander – Muslimische Hilfsorganisationen – ausgewählte Hadithe für das gute Zusammenleben – soziale Gerechtigkeit – Stiftungswesen (waqf) – Konflikte in der Schule – Cybermobbing – Charaktereigenschaften (achlāq): z. B. Ehrlichkeit, Hilfsbereitschaft, – Bescheidenheit, Geduld Jg. 9/10: – arbeiten zentrale Themen des Korans heraus und setzten diese zu sich und ihrer Umwelt in Beziehung. – reflektieren die Bedeutung der Hadithe für ihr eigenes Leben – Seelsorge – Beratung bei Konflikten – Zakāt, Fitra, Sadaqa, Scharīa, Dschihād – setzen sich mit der Hidschra und der Entstehung des Gemeinwesens von Medīna auseinander. – Medinensische Phase, Hidschra, Charta von Medīna, Abschiedspredigt – Nachhaltigkeit	30x

(Fortsetzung)

Tab. 7.4 (Fortsetzung)

Kategorie	Zugehörige Inhalte aus dem Lehrplan	Häufigkeit
Verantwortungs-mündigkeit	Jg. 5/6: – beschreiben den Menschen als einzigartiges Geschöpf Gottes/Allahs in der Vielfalt der Schöpfung – Mensch als Geschöpf Gottes/Allahs – beschreiben die islamische Schöpfungsgeschichte und erklären die – Verantwortung des Menschen für die Bewahrung der Schöpfung – Beispiele für bewahrenden Umgang mit der Schöpfung (khalifatul-ard) Jg. 7/8: – Verantwortung – Handlungskategorien (des Mukallafs) Jg. 9/10: – Verantwortung für sich und andere Menschen	7x

Die Thematisierung von Mitgefühl wird für die Jahrgangsstufe 5/6 unter dem Kompetenzbereich *„Nach der Verantwortung des Menschen in der Welt und der Gesellschaft fragen“* explizit vorgeschlagen. Diese werden mit weiteren Grundbegriffen konkretisiert, wie z. B. Kinderrechte, Goldene Regel oder Fairer Handel. Dies weist auf die Möglichkeit hin, das Phänomen Mitgefühl als einen grundlegenden Aspekt der Religionsausübung in verschiedenen Themenschwerpunkten zu integrieren.

Darüber hinaus finden sich Begriffe wie ‚Gefühle‘, ‚Empathie‘, ‚Gewissensbildung‘ und ‚Umgang mit Leid‘ im Kerncurriculum, welche einen direkten Zusammenhang zum Mitgefühl aufweisen und daher eine unterrichtliche Auseinandersetzung im Religionsunterricht für alle drei Doppeljahrgangsstufen ermöglichen. Da diese jedoch nicht in Lernzielen definiert werden, hängt die unterrichtliche Realisierung stark von der Entscheidungsfreiheit der Lehrkraft ab. Das Thema Barmherzigkeit ist ebenfalls Bestandteil der drei Doppeljahrgangsstufen.

Die meisten Inhalte lassen sich unter der Kategorie „Solidarität und Unterstützung“ zusammenfassen, welche 30 inhaltsbezogene Kompetenzen umfasst. Diese Kompetenzen weisen keine direkte Beziehung zur inhaltlichen Auseinandersetzung mit Mitgefühl auf, da sie nicht mit diesem Schwerpunkt gekennzeichnet sind. Allerdings kann Mitgefühl in diese Themen integriert werden, d. h. diese Kompetenzen weisen einen indirekten, möglichen Bezug zu Mitgefühl auf, welches stark von der Unterrichtsgestaltung und Schwerpunktsetzung der Lehrkraft abhängig ist.

So kann bspw. das erwartete Kompetenzziel in Jahrgangsstufen 9/10 „*Die Schülerinnen und Schüler setzen sich mit der Hidschra und der Entstehung des Gemeinwesens von Medina auseinander*" zum Verständnis und zur Förderung von Mitgefühl beitragen, da die Entstehung des Gemeinwesens Resultat eines mitfühlenden Verhaltens darstellt. So ist auch das Themenfeld ‚Fasten' wichtig, da die Schülerinnen und Schüler lernen, dass es dabei nicht nur um den Verzicht auf Nahrung und Genuss geht, sondern um die Selbstkultivierung im Sinne von Mitgefühl für andere Menschen.

In Bezug auf die „Verantwortungsmündigkeit" konnten 7 Kompetenzen herausgestellt werden, die im Allgemeinen die besondere Rolle des Menschen in der Schöpfung betonen. Unter dem Aspekt „Verantwortung für sich und andere Menschen" lernen die Schülerinnen und Schüler die herausragende Bedeutung des Menschen in der Schöpfung kennen und können an verschiedenen Themeninhalten erkennen, dass der Mensch aufgrund seiner besonderen Stellung zu mitfühlendem Verhalten von Gott beauftragt wurde.

Die potenzielle inhaltliche Auseinandersetzung mit der Bedeutung und Relevanz von Mitgefühl ist im Kerncurriculum gegeben, stellt für die ersten drei Kategorien (Mitgefühl/Gefühle und Barmherzigkeit) eine höhere Wahrscheinlichkeit des Auftretens dar als die letzten beiden Kategorien (Solidarität und Unterstützung/Verantwortungsmündigkeit).

7.2.3 Lebensweltbezug

Im Kerncurriculum wird darauf verwiesen, dass aus „der Lebenswelt der Schülerinnen und Schüler entnommene Anforderungssituationen [...] die Grundlage des Kompetenzaufbaus" bilden.[31] Darüber hinaus heißt es: „Die Schülerinnen und Schüler werden somit befähigt, lebensweltliche Anforderungssituationen zu bewältigen. Dies ist die grundsätzliche Aufgabe von Religion, auch islamischer Religion, am Lernort Schule".[32]

An den inhaltsbezogenen Kompetenzen des Kerncurriculum ist ein starker Bezug zur Lebenswelt der Schülerinnen und Schüler zu erkennen. Abdel-Rahman konnte bereits nachweisen, dass 16 verbindliche Kompetenzen (aus insgesamt 53 Kompetenzen) einen Lebensweltbezug aufweisen.[33]

[31] Ebd. S. 28.

[32] Ebd. S. 6.

[33] Vgl. Abdel-Rahman, *Kompetenzorientierung*, S. 257.

Die „möglichen Inhalte" und „Grundbegriffe für den weiteren Kompetenzerwerb" wurden von Abdel-Rahman nicht in die durchgeführte Analyse aufgenommen, da sie keine konkrete Definition in Form von Lernzielen aufzeigen.[34] Daraus folgt einerseits, dass Lehrkräfte mehr Freiraum zur Unterrichtsgestaltung haben, anderseits besteht aber die Gefahr der Beliebigkeit.

7.2.4 Didaktisch-methodische Hinweise

Im Kerncurriculum wird verdeutlicht, dass es von zentraler Bedeutung ist, die Schülerinnen und Schüler auf ihrem Weg zur Entwicklung zu religiöser Mündigkeit und Urteilsfähigkeit durch verschiedene Lernzugänge und angemessene Bildungsangebote zu begleiten.[35] Da der Islamische Religionsunterricht auf Grundlage des Curriculums für das entsprechende Fach gestaltet wird,[36] sind die darin vorliegenden Anhaltspunkte für verschiedene didaktische und methodische Herangehensweisen von zentraler Bedeutung.

Es wird auf das didaktische Prinzip des ‚Fragens und Entdeckens' hingewiesen, bei dem es um die individuellen Bezüge zu Gott und Religion, die Reflexion, das Suchen und das Fragen geht,[37] was im Kontext der Subjektorientierung grundlegend ist.

Darüber hinaus wird darauf verwiesen, außerschulische Lernorte (z. B. Moscheen, Gebetsstätte anderer Reigionen, kulturelle und gesellschaftliche Einrichtungen) in Anspruch zu nehmen,[38] um einen handlungs- und projektorientierten Unterricht zu gestalten und somit eine ganzheitliche Bildung zu begleiten. Konkrete didaktische Hinweise sowie Bezüge zu Materialien sind nicht vorhanden. Nach dem Kapitel der „Zusammenführung von Kompetenzen" wird lediglich ein Unterrichtsbeispiel zum Thema „Das Gebet im Islam" für Jahrgangsstufe 5 und 6 vorgestellt. Konkrete Materialien oder didaktische Arrangements werden nicht aufgeführt. Nach dem Anhang finden sich im Kerncurriculum zuletzt ausgewählte Koranverse und Hadithüberlieferungen, die den inhaltlichen Kompetenzerwerb unterstützen sollen.[39]

---

[34] Vgl. Ebd.

[35] Niedersächsisches Kultusministerium, *Kerncurriculum. Islamische Religion*, S. 5.

[36] Ebd.

[37] Ebd. S. 6.

[38] Ebd. S. 9.

[39] Ebd. S. 36–46.

7.3 Zur Verankerung von Mitgefühl im Kernlehrplan Nordrhein-Westfalen

7.3.1 Prozessbezogene Aktivitäten im Kontext ethischer Bildung

Im Kernlehrplan wird die Bedeutung von messbaren und überprüfbaren Kompetenzen hervorgehoben, die insbesondere kognitive Prozesse ansprechen. Gleichzeitig wird jedoch darauf hingewiesen, dass diese Kompetenzen nicht die gesamte Vielfalt von Lernprozessen (wie z. B. affektive Lernprozesse) abbilden können. Daher fokussiert der Kernlehrplan die konkrete Definition von Kompetenzen, die überprüft werden können, um die Lernentwicklung der Schülerinnen und Schüler sicherzustellen. Der Unterricht selbst gehe in seiner Vielfältigkeit der Gestaltung und Tiefe weit darüber hinaus, könne aber, wie bereits erläutert, nicht im Kernlehrplan aufgezeichnet werden.[40] „Insgesamt ist der Unterricht in der Sekundarstufe I nicht allein auf das Erreichen der aufgeführten Kompetenzerwartungen beschränkt, sondern soll es Schülerinnen und Schüler ermöglichen, diese weiter auszubauen und darüberhinausgehende Kompetenzen zu erwerben.“[41]

Eine Untersuchung der übergeordneten Kompetenzerwartungen der Kompetenzbereiche des Kernlehrplans (Sachkompetenz, Methodenkompetenz, Urteilskompetenz, Handlungskompetenz) hinsichtlich affektiver Lernprozesse am Beispiel der Taxonomien von Krathwohl und Kollegen[42] ergibt das in Tabelle 7.5 zusammengestellte Ergebnis.

Tab. 7.5 Zuordnung affektiver Lernziele (Kernlehrplan)

Kompetenzbereiche (übergeordnete Kompetenzerwartungen)	Operatoren und entsprechende Stufen	Häufigkeit
Stufe 1 (Aufnehmen)	Jg. 5/6: – nehmen religiöse und weltanschauliche Überzeugungen anderer wahr und achten sie	1x
Stufe 2 (Reagieren)		0x

(Fortsetzung)

[40] Ministerium für Schule und Weiterbildung des Landes Nordrhein- Westfalen (Hg.), *Kernlehrplan. Islamischer Religionsunterricht*, S. 11.

[41] Ebd. S. 14.

[42] Vgl. Krathwohl / Bloom / Masia, *Taxonomien,* S. 92–152.

Tab. 7.5 (Fortsetzung)

Kompetenzbereiche (übergeordnete Kompetenzerwartungen)	Operatoren und entsprechende Stufen	Häufigkeit
Stufe 3 (Werte bilden)	Jg. 5/6: – *ordnen Prophet Muhammad in seine Zeit und Umwelt ein* – *ordnen einfache fachbezogene Begriffe sachgerecht ein* – *orientieren sich im Koran* Jg. 7–10: – übernehmen Mitverantwortung für das friedliche Zusammenleben von Menschen mit unterschiedlichen religiösen Überzeugungen – vertreten die eigene Position in der Auseinandersetzung mit kontroversen Sichtweisen	5x
Stufe 4 (Organisieren von Werten)	Jh. 7–10: – *stellen Antwortmöglichkeiten dar und grenzen diese voneinander ab* – überprüfen vorgegebene Fragestellungen und eigene Vermutungen mittels Erkundungen und Befragungen in ihrem Lebensumfeld	2x

Es fällt auf, dass die Kompetenzformulierungen insgesamt hauptsächlich eine theologische Ausrichtung aufweisen, während ein Bezug zu ethischen Themen sowie zur Affektivität unterrepräsentiert ist. Die für Jahrgangsstufe 5 und 6 herausgestellten Kompetenzformulierungen zu Stufe 3 „Werte bilden" wurden kursiv gesetzt, da sie auf der einen Seite zwar eine Operationalisierung im Sinne affektiver Taxonomien aufweisen (z. B. das Verb ‚einordnen'), auf der anderen Seite aber die Kompetenzziele kontextuell nicht auf eine Wertebildung abzielen. Vielmehr ergibt sich aus der Kompetenzformulierung ein theoretischer Aneignungsprozess theologischen Fachwissens. Die für Jahrgangsstufe 7 bis 10 herausgefilterten Kompetenzformulierungen weisen hingegen auch einen Bezug zur ethischen Bildung auf.

Darüber hinaus fällt auf, dass durch die für Jahrgangsstufe 7 bis 10 dargelegten Lernziele aus dem Kompetenzbereich „Handlungskompetenz" Möglichkeiten zum Organisieren von Werten (Stufe 4) gegeben sind und sie insgesamt einen praktischen Bezug aufweisen. So konnten insgesamt für alle Jahrgangsstufen dieses Kompetenzbereiches handlungs- und produktionsorientierte Lernziele ausfindig gemacht werden, die aber nicht in die Tabelle aufgenommen werden konnten.

Die Wahrnehmungsfähigkeit konnte einmal unter dem Kompetenzbereich der „Handlungskompetenz" identifiziert werden, während Hinweise auf das Erleben von Emotionalität weder explizit noch implizit ermittelt werden konnten.

Insgesamt wird bei der Analyse der übergeordneten Kompetenzbereiche deutlich, dass sich die prozessbezogenen Aktivitäten überwiegend auf theoretisch-theologische Themen beziehen und Operatoren den Lernprozess bestimmen, die eine kognitive Lerndimension beinhalten, wie z. B. benennen, erörtern, beurteilen, analysieren.[43]

7.3.2 Die Inhaltliche Förderung von Mitgefühl

In Tabelle 7.6 sind die Inhalte aus dem Bereich der konkretisierten Kompetenzerwartungen (Inhaltsfelder) den jeweiligen Kategorien zugeordnet. Es ist zu beachten, dass einige Kompetenzen mehreren Bereichen zugeordnet werden können. Diese wurden *kursiv* gesetzt.

Tab. 7.6 Zuordnung der inhaltsfeldbezogenen Kompetenzen zu den Kategorien (Kernlehrplan)

Kategorie	Zugehörige Inhalte aus dem Lehrplan	Häufigkeit
Mitgefühl		0x
Gefühle		0x
Barmherzigkeit	Jg. 5/6: – erklären die islamische Überzeugung, dass Gott den Menschen erschaffen mit seiner Barmherzigkeit umfasst und ihm die Verantwortung anvertraut hat, die Welt und Gemeinschaft mitzugestalten.	1x
Liebe/ Nächstenliebe	Jg. 7–10: – erörtern die Bedeutung islamischer Regeln und Werte in Ehe und Familie sowie in weiteren zwischenmenschlichen Beziehungen	1x

(Fortsetzung)

[43] Diese Verben werden nämlich für die Taxonomien kognitiver Lernziele verwendet. Vgl. hierfür: Hochschulrektorenkonferenz (Hg.), Nexus Impulse für die Praxis. Lernergebnisse praktisch formulieren (2015), Ausg. 2, S. 5.

Tab. 7.6 (Fortsetzung)

Kategorie	Zugehörige Inhalte aus dem Lehrplan	Häufigkeit
Solidarität und Unterstützung	Jg. 5/6: – beschreiben die Lebensumstände der ersten Musliminnen und Muslime in Mekka sowie die Gründe, die zur Hidschra geführt haben. – erörtern Möglichkeiten von Musliminnen und Muslimen, Beiträge zum Naturschutz zu leisten – beurteilen soziales Engagement im Hinblick darauf, wie Menschen Verantwortung für den Aufbau und den Zusammenhalt der Gemeinschaft übernehmen – *bewerten Einstellungen und Verhaltensweisen vor dem Hintergrund von Koran, Sunna und ggf. Idschma‘ und Qiyas* Jg. 7–10: – stellen dar, welche gesellschaftlichen Veränderungen (Fortschritte und Konflikte) sich für die Menschen in Medina durch die Hidschra ergeben haben – erörtern Fortschritte, aber auch Konflikte aus der medinensischen Phase hinsichtlich des Zusammenlebens in der heutigen Gesellschaft – erörtern Möglichkeiten der Umsetzbarkeit islamischer Ethik vor dem Hintergrund der Lebenswirklichkeit – erläutern ethische Werte und ihre Auswirkungen auf unterschiedliche Lebensbereiche (z. B. Gerechtigkeit, Toleranz, Fleiß, Zuverlässigkeit)	9x

(Fortsetzung)

Tab. 7.6 (Fortsetzung)

Kategorie	Zugehörige Inhalte aus dem Lehrplan	Häufigkeit
Verantwortungs-mündigkeit	Jg. 5/6: – identifizieren Koranverse, in denen es um die Schöpfung geht – erläutern das Schöpfungsmuster und die Schöpfungsharmonie anhand von ausgewählten Koranversen und Hadithen, – stellen die Verantwortung des Menschen anhand von ausgewählten Koranversen und Hadithen dar – stellen dar, inwiefern die Schöpfung durch das Handeln der Menschen gefährdet wird, aber auch geschützt werden kann Jg. 7–10: – erörtern Möglichkeiten und Grenzen der Übernahme von Verantwortung für andere Menschen vor dem Hintergrund islamischer Werte	5x

In den konkretisierten Kompetenzerwartungen des Kernlehrplans finden Mitgefühl und Gefühle keine explizite Erwähnung. Ebenso sind keine Hinweise auf Phänomene wie Mitleid, Empathie oder Leid erkennbar. Das Inhaltsfeld „Verantwortliches Handeln" verweist am meisten auf Kompetenzen, die der Kategorie „Solidarität und Unterstützung" sowie „Verantwortungsmündigkeit" zugeordnet werden konnten. Es lässt sich allerdings feststellen, dass die Kompetenzformulierungen oft einen theologisch-historischen Bezug herstellen und keinen ethischen.

7.3.3 Lebensweltbezug

Der Kernlehrplan weist darauf hin, dass der Islamische Religionsunterricht sich an die Lebenswelt der Schülerinnen und Schüler orientiert:

> Der Religionsunterricht nimmt die Schülerinnen und Schüler, ihre Lebenswelten und Wertvorstellungen, ihre Auffassungen von Wirklichkeit ernst. Er ist deshalb als ‚kommunikatives Handeln' zu verstehen und zu gestalten, das die Prinzipien Lebensbezug, Selbsttätigkeit und Handlungsorientierung beinhaltet.[44]

[44] Ministerium für Schule und Weiterbildung des Landes Nordrhein- Westfalen (Hg.), *Kernlehrplan. Islamischer Religionsunterricht*, S. 9.

Religiöse Bildung ist demnach als die wechselseitige Erschließung von Glaubensüberzeugung und Lebensweltorientierung zu verstehen. Die Vorstellung liegt auf den Erwerb von Glaubensüberzeugungen, die kommunikativ-diskursiv erschlossen werden sollen, um dadurch Urteilsfähigkeit entwickeln zu können, die zur Wertorientierung beiträgt und Perspektiven für persönliches Handeln aufzeigt.[45]

> Grundsätzliche Aufgabe des islamischen Religionsunterrichts ist es, in der Begegnung mit islamischer Glaubensüberzeugung und -praxis zu einer tragfähigen Lebensorientierung beizutragen. Dieses Ziel wird dadurch erreicht, dass Lebenswirklichkeit und Glaubensüberzeugung immer wieder wechselseitig erschlossen und miteinander vernetzt werden.[46]

Abdel-Rahman konnte in ihrer Untersuchung feststellen, dass der Kernlehrplan 99 verbindliche Kompetenzen beinhaltet, von denen lediglich 12 Kompetenzen eine Perspektive für die Biografie und Lebenswelt der Schülerinnen und Schüler beinhalten.[47] Dieses Ergebnis zeigt, dass die verbindlichen Kompetenzen überwiegend auf das Wissen über den islamischen Glauben ausgerichtet sind, während der ethische Bezug (im Sinne des Lebensweltbezugs) nur marginal vorhanden ist. Unter diesem Gesichtspunkt bedeutet das für die Förderung von Mitgefühl im Religionsunterricht, dass die Möglichkeit sehr begrenzt ist. Denn erst dann, wenn die Schülerinnen und Schüler die Möglichkeit haben, theologische Themen über den Weg der Anforderungssituation auf die eigene Biografie oder Lebenswelt zu beziehen, kann der kompetenzorientierte Religionsunterricht den Zugang über die Emotionen sowie die Einbeziehung von Emotionen gewährleisten.[48]

7.3.4 Didaktisch-methodische Hinweise

In den übergeordneten Kompetenzerwartungen des Kompetenzbereichs „Methodenkompetenz" werden methodische Lernzugänge vorgeschlagen, wie z. B. das Erstellen von Plakaten, das selbstständige Recherchieren sowie das Arbeiten

[45] Vgl. Ebd. S. 9 f.

[46] Ebd. S. 9.

[47] Vgl. Abdel-Rahman, *Kompetenzorientierung*, S. 275.

[48] Vgl. Manfred Pirner, „*Emotionen im Religionsunterricht*", in: Michaela Gläser-Zikuda u. a. (Hg.), *Emotionen im Unterricht. Psychologische, pädagogische und fachdidaktische Perspektiven*, Stuttgart 2022, S. 198.

mit Präsentationstechniken, Arbeiten an Projekten, die als mögliche Lernzugänge des selbstständigen Lernens angeführt werden können.[49] Der Kernlehrplan enthält allerdings keine allgemeinen oder spezifischen Hinweise auf didaktisch-methodische Arrangements zur Förderung von Mitgefühl im Kontext ethischer Bildung.

7.4 Zusammenfassung und Reflexion der Ergebnisse

Wie aufgezeigt werden konnte, weist das Kerncurriculum viele mögliche Themen auf, die zur Förderung und Schulung von Mitgefühl im Islamischen Religionsunterricht beitragen können. Die Lernenden können durch die thematische Einbindung von Mitgefühl in ihre religiöse Praxis (z. B. beim Fasten oder Spenden) eine zusätzliche Dimension gewinnen. Dabei geht es nicht nur um die Erfüllung einer Pflicht, sondern darum, das Wohl anderer Menschen oder Lebewesen aktiv zu fördern. In diesem Sinne kann Mitgefühl kognitiv erlernt werden, damit es bewusst angeeignet und ausgeführt wird.

Im Vergleich dazu ist die Anzahl der Befunde im Kernlehrplan geringer. Es ist auffällig, dass keine inhaltlichen Kompetenzformulierungen den für die Analyse relevanten Kategorien ‚Mitgefühl', ‚Gefühle' und ‚Barmherzigkeit' zugeordnet werden konnten. Die stattdessen häufige festzustellende Zuordnung im Kerncurriculum Niedersachsen lässt sich möglicherweise damit erklären, dass viele Begriffe als „mögliche Inhalte" oder „Grundbegriffe für den weiterführenden Kompetenzerwerb" zusätzlich aufgelistet werden. Da diese allerdings nicht konkret definiert werden, kann nicht bei allen mit Gewissheit gesagt werden, inwiefern sie die Entwicklung von Mitgefühl fördern, was letztendlichstark von der Innovations- und Entscheidungskraft der Lehrkraft abhängt.

Ferner konnte durch die Bezugnahme auf die Analyse von Abdel-Rahman festgestellt werden, dass die Bezugsdimensionen der im Kernlehrplan Nordrhein-Westfalen vorhandenen verbindlichen Kompetenzerwartungen in einem unausgewogenen Verhältnis stehen, sodass der Lebensweltbezug unterrepräsentiert ist.[50] Das Kerncurriculum Niedersachsen weist hingegen eine gleichmäßigere Verteilung der Bezugsdimensionen auf, durch die der Lebensweltbezug gewahrt

---

[49] Ministerium für Schule und Weiterbildung des Landes Nordrhein- Westfalen (Hg.), *Kernlehrplan. Islamischer Religionsunterricht*,S. 19–27.

[50] Abdel-Rahman, *Kompetenzorientierung*, S. 275.

werden kann. Da allerdings die „Grundbegriffe für den weiteren Kompetenzerwerb“ sowie die „möglichen Inhalte“ keine konkreten Kompetenzformulierungen aufweisen, kann über diese keine Auskunft gegeben werden.

Der Lebensweltbezug stellt für die Ermittlung von Anforderungssituationen einen wesentlichen Schritt dar,[51] mit dessen Hilfe die Lehrkraft Situationen schaffen kann, in denen Mitgefühl im Unterricht thematisiert werden kann.[52] Das *Potenzial* zur inhaltlichen Auseinandersetzung mit Mitgefühl ist im niedersächsischen Kerncurriculum größer als im nordrhein-westfälischen Kernlehrplan.

Darüber hinaus zeigt sich in Anbetracht der Analyse der Erschließungsdimensionen, dass der kognitive Lernprozess in beiden Lehrplänen dominiert. Der Kernlehrplan erläutert dies mit der Überprüfbarkeit von Kompetenzen und betont, dass der Unterricht trotzdem weitere Dimensionen des Lernprozesses, wie z. B. die affektive, berücksichtigen muss, auch wenn sie nicht in das Curriculum aufgenommen wurden. Da Curricula jedoch bei der Entwicklung von schuleigenen Arbeitsplänen sowie der Unterrichtsgestaltung eine entscheidende Orientierung geben, wird davon ausgegangen, dass diese auch den tatsächlich geführten Unterricht widerspiegeln. Hierfür bedarf es allerdings noch empirischer Forschung, um eindeutige Schlüsse ziehen zu können.

Da affektive Lernziele neben den kognitiven und psychomotorischen einen wichtigen Bereich für die ganzheitliche Bildung und die Persönlichkeitsentwicklung der Lernenden darstellen, ist deren Einbezug in die Lehrpläne von elementarer Bedeutung. In der Untersuchung konnte gezeigt werden, dass vor allem die zweite Stufe der Taxonomien (Reagieren) nach Krathwohl u. a., welcher die Emotionalität bzw. die emotionale Bereitschaft zur Reaktion beschreibt, in den prozessbezogenen Kompetenzen bzw. übergeordneten Kompetenzbereichen nicht explizit identifiziert werden konnte. Vor dem Hintergrund dieser Analyseergebnisse erscheint es sinnvoll, für diese Lernprozesse eine weitere Kategorie in die Lehrpläne aufzunehmen, welche Affektivität im Unterricht behandelt *oder* in den bereits vorhandenen Bereichen diese um weitere Lernziele erweitert.

Exemplarisch kann das wie in Abbildung 7.1 am Kerncurriculum Niedersachsen dargestellt werden.

[51] Susanne Bürig-Heinze u. a. (Hg.), *Anforderungssituationen im kompetenzorientierten Religionsunterricht. 20 Beispiele*, Göttingen 2014, S. 9.

[52] Gemeint ist, dass Anforderungssituationen den emotionalen Lernprozess ermöglichen. Vgl. Kohler-Spiegel, *Emotionales Lernen*, S. 298.

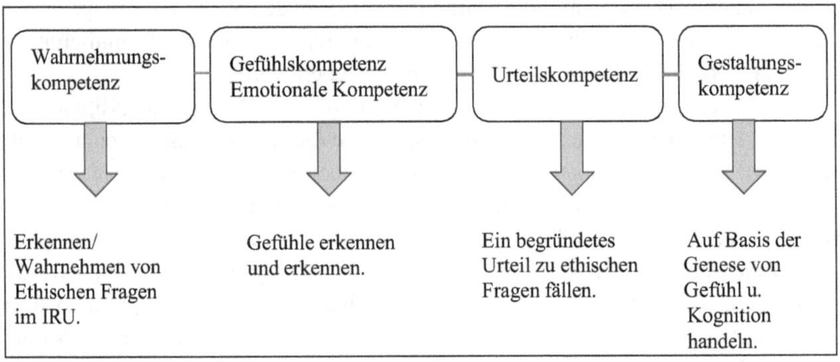

Abb. 7.1 Verbindung von Emotionaler Kompetenz und Wertebildungsprozessen. (Eigene Darstellung)

Die Erweiterung der prozessbezogenen Kompetenzen mit einer „Gefühlskompetenz“ (bzw. Emotionale Kompetenz), zielt darauf ab, dem Lerngegenstand eine emotionale Dimension zu verleihen. Hierbei geht es darum, eigene oder fremde Gefühle zu erkennen, auszudrücken und angemessen zu regulieren. Diese Fähigkeiten bilden eine grundlegende Basis für den Wertebildungsprozess. Durch die Verbindung von affektiven und kognitiven Lernprozessen können begründete Urteile zu ethisch relevanten Fragen hervorgehen, die wiederum die Handlungskompetenz beeinflussen. Diese Integration von „*Kopf, Herz und Hand*“ zeigt das Potenzial für eine ganzheitliche Bildung.

8 Schlussbetrachtung und Ausblick

Vor dem Hintergrund des Erarbeiteten ist zu resümieren, inwiefern und welchen Beitrag das Phänomen Mitgefühl für die ethische Bildung im Kontext islamisch-religiöser Bildungsprozesse leisten kann. Mitgefühl stellt in psychologischer Perspektive eine moralische Emotion dar, welche auf das ethische Urteilen und Handeln Einfluss hat. In diesem Sinne weist ethische Bildung einen starken Bezug zur emotionalen Bildung auf.[1] In religionspädagogischer Perspektive hat sich die Relevanz ethischer Bildung, in der soziale Gefühle wie Mitgefühl in den Unterrichtsprozess einbezogen werden, durch Ergebnisse interdisziplinärer Studien erwiesen. Die Tugenden Barmherzigkeit und Liebe werden durch das Mitgefühl bestimmt und stellen aus theologischer Sicht eine Gabe dar, durch welche die göttliche Intention zur Gestaltung einer harmonischen Gesellschaft realisiert werden kann.[2] Aufgrund seiner ontologischen Grundausstattung wird dem Menschen die Ausführung dieses göttlichen Auftrags, Mitgefühl für die Schöpfung zu zeigen, begründet.[3] Hieraus resultiert die Betrachtung von Mitgefühl als eine Brückenfunktion zwischen ethischer und religiöser Bildung. Diese Verbindung zeigt sich vor allem darin, dass religiöse (Pflicht-)Praktiken, wie bspw. das *zakāt*, nicht nur eine Handlungsdisposition aufweisen, sondern dazu

[1] Naurath, *Mit Gefühl gegen Gewalt*, S. 183.

[2] Işık, *Kultivierung des Selbst*.

[3] Khorchide, *Barmherzigkeit*, S. 97.

Ergänzende Information Die elektronische Version dieses Kapitels enthält Zusatzmaterial, auf das über folgenden Link zugegriffen werden kann https://doi.org/10.1007/978-3-658-46770-8_8.

G. Aydin, *Die Signifikanz von (Mit-)Gefühl für die ethische Bildung in der Islamischen Religionspädagogik*, BestMasters,
https://doi.org/10.1007/978-3-658-46770-8_8

beitragen, den Menschen in seinen Charaktereigenschaften zu kultivieren, sensibel und aufmerksam mit den Problemen der Gesellschaft und der Schöpfung umzugehen, was letztendlich dazu beiträgt, solidarisch und hilfsbereit mit anderen umzugehen. Mitgefühl wird als eine Gabe von Gott verstanden, mit der er den Menschen dazu befähigt, den göttlichen Auftrag als Medium zu erfüllen.[4]

> Ohne Mitgefühl, ohne dass wir das Leiden anderer wahrnehmen, als solches anerkennen und dagegen vorgehen, wollen und sollten wir unsere Welt nicht gestalten. Wir müssen, wie Martha C. Nussbaum gezeigt hat, unsere Gesellschaften und unser politisches Handeln so gestalten, und unseren eigenen Mitgefühlsmuskel so trainieren, dass eine gerechtere und vielleicht auch eine gültigere Welt möglich ist.[5]

In diesem Sinne kommt der Religionspädagogik besondere Verantwortung zu, diese Dependenz von religiöser und emotional-ethischer Bildung für die Lernenden fruchtbar zu machen. Die auf Mitgefühl bezogene theologische Perspektive bietet für den Religionsunterricht die Chance, Mitgefühl explizites oder implizit im Unterricht zu thematisieren.[6] Gleichwohl ist eine Reflexion adäquater Lernanlässe, durch die ethische Bildung auf allen Lernebenen (kognitiv, affektiv, praktisch) erfolgen kann und nicht lediglich in einem Theoretisieren über Werte aufgeht, sondern verinnerlicht wird, notwendig.[7] Mit Rekurs auf die Untersuchungsergebnisse kann festgehalten werden, dass Wege der Wahrnehmungsfähigkeit, der emotionalen Ausdrucksfähigkeit sowie der Fähigkeit zur Emotionsregulation wichtige Aspekte der Bildung von Mitgefühl darstellen.

Darüber hinaus konnte gezeigt werden, dass der Religionsunterricht auf die ganzheitliche und mehrdimensionale Bildung des Menschen abzielt, wodurch auch die Förderung der emotionalen Bildung grundlegend ist.[8] Unter diesem Gesichtspunkt bekommt der Bezug zu Mitgefühl sowie der Einsatz von Mitgefühl eine entscheidende Bedeutung. Die Abbildung 8.1 stellt dementsprechend ein Versuch da, Mitgefühl in Korrelation zu den Lernanlässen und Kompetenzen im Kontext des Islamischen Religionsunterrichts zu stellen.

---

[4] Işık, *Kultivierung des Selbst*, S. 249 f.

[5] Anne-Kathrin Weber, „*Braucht die Politik mehr Mitgefühl?*“, in: NG FH 10 (2016), S. 38.

[6] Vgl. Naurath, *Mit Gefühl gegen Gewalt*, S. 260.

[7] Vgl. Lindner, *Wertebildung*, S. 23; Polat, *Spiritualität*, S. 747.

[8] Vgl. Pirner, „*Emotionen im Religionsunterricht*“, S. 198 f.

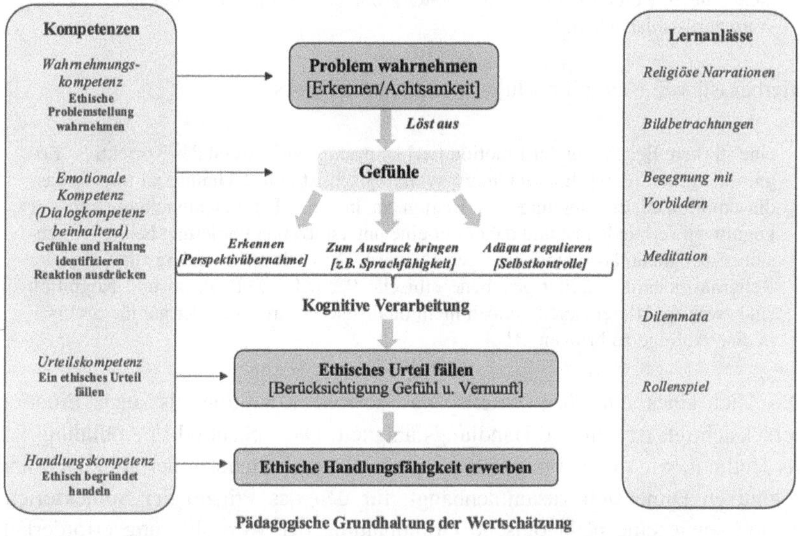

Abb. 8.1 Mitgefühl in Korrelation mit exemplarischen Lernanlässen und zugehörigen Kompetenzen im Islamischen Religionsunterricht. (Eigene Darstellung)

Wie bereits angesprochen, stellt die Wahrnehmung der eigenen und fremden Gefühle eine Grundbedingung dar, um Mitgefühl entwickeln zu können.[9] Hierfür ist Achtsamkeit und Präsenz grundlegend. Indem diese Gefühle erkannt, ausgedrückt und adäquat reguliert werden, was mit der kognitiven Entwicklung einhergeht, kann sich die Fähigkeit zum ethischen Urteilen entwickeln, sodass die kognitive und emotionale Dimension gleichermaßen berücksichtigt und abgewogen wird.

Lehrkräfte sollten bei der Gestaltung von Wertebildungsarrangements im Religionsunterricht alle diese Lernebenen gleichermaßen integrieren können. Gerade der kognitive Aspekt, der sich besonders dem inhaltlich-reflexiven Moment von Wertebildung verschreibt, ist zwar grundlegend wichtig, bisweilen aber dominant ausgeprägt. Deshalb sollten Lehrerinnen und Lehrer ihren Schülerinnen und Schülern auf jeden Fall Gelegenheit geben, wertebezogene Gefühle zu artikulieren und zu entwickeln;

[9] Vgl. Naurath, *Mit Gefühl gegen Gewalt*, S. 183.

> nicht zuletzt, weil diese eine zentrale Stellgröße bei der Entfaltung des individuellen Wertegerüsts darstellen.[10]

Hierbei ist, wie Naurath postuliert, anzumerken, dass

> eine stärkere Beachtung der Emotion [...] keinesfalls auf Kosten des Korrektivs ‚Kognition' gehen [darf]. Entwicklungspsychologisch ist demRechnung zu tragen, dass die emotionale Entwicklung von Beginn an in einer Parallelentwicklung mit der kognitiven verbunden ist und daher nur eine unterstützende Förderung beider Dimensionen der Identitätsentwicklung gerecht wird. Dies gilt insbesondere für die in der Religionsdidaktik implizit gegebene ethische Perspektive. Emotion und Kognition sind zwar zu differenzieren, jedoch nicht dualistisch zu trennen oder gar hierarchisch in eine Abfolge zu bringen. .[11]

Das Ziel eines ethischen Urteils, das sowohl Kognition als auch Emotion berücksichtigt, ist ethische Handlungsfähigkeit. Das Schaubild in Abbildung 8.1 verdeutlicht, wie dieser Prozess mit verschiedenen Lernzielen der affektiven und kognitiven Dimension zusammenhängt, für den das Prinzip der Subjektorientierung sowie eine pädagogische Grundhaltung der Wertschätzung erforderlich ist.

Anzumerken ist, dass viele Lernanlässe in diesem Kontext tendenziell die kognitive Dimension des Lernprozesses betonen. Daher besteht die Notwendigkeit, eine didaktische Aufbereitung zu entwickeln, die sowohl die kognitive als auch die emotionale Dimension adäquat berücksichtigt, insbesondere im Rahmen der Koran- und Hadith-Didaktik.

Mit einer Analyse von Lehrplänen wurde der Versuch unternommen, eine Standortbestimmung zur Präsenz von Mitgefühl im Islamischen Religionsunterricht zu ermöglichen. Es wurde gezeigt, dass das inhaltliche Aufgreifen von Mitgefühl unter den Aspekten Tugenden (wie z. B. Liebe und Barmherzigkeit) und religiöse Praktiken (wie z. B. Fasten und *zakāt*) möglich ist. Darüber hinaus wurde ersichtlich, dass das Kerncurriculum in Niedersachsen im Gegensatz zum Kernlehrplan Nordrhein-Westfalen auch emotionale Aspekte aufgreift. Dies zeigt Möglichkeiten auf, Mitgefühl in einer theologischen Perspektive inhaltlich im Unterricht aufgreifen zu können. Vor allem bietet das Kerncurriculum durch die eher allgemein gehaltenen inhaltlichen Kompetenzformulierungen viel Raum für den thematischen Bezug zu Mitgefühl. Gleichzeitig erwächst daraus das Risiko

---

[10] Lindner, *Wertebildung*, S. 273.

[11] Naurath., *Mit Gefühl gegen Gewalt*, S. 201.

von Beliebigkeit, wodurch die konkrete Umsetzung im Unterricht nicht hervorsehbar ist. Offen bleibt die Frage, inwiefern die Lehrkräfte durch ihre Profession über hinreichend Sensibilität für das Aufgreifen von Mitgefühl sowie hierfür erforderliche didaktisch-methodische Ressourcen verfügen. Wie Lindner postuliert, ist das „Wissen über diese Aspekte […] somit zur Professionalisierung von Religionslehrerinnen und -lehrern in wertbildungsbezogener Hinsicht“[12] erforderlich. Da die Lehrpläne keine konkreten Hinweise zu didaktisch-methodischen Arrangements im Hinblick auf die Förderung von Mitgefühl betonen sowie die affektiven Ziele im Sinne der Einbeziehung von gefühlsorientierten Haltungen nur zwischen den Zeilen zu erkennen sind, liegt die Ansicht nahe, dass von einer Marginalisierung der emotional-ethischen Bildung im Islamischen Religionsunterricht gesprochen werden kann. Um eindeutige Schlüsse ziehen zu können, bedarf es entsprechender empirischer Studien, wie z. B. Befragung von Lehrkräften und Analysen von Lehrmaterialien, was als weiteres Forschungsdesiderat festgehalten werden kann.

[12] Lindner, *Wertebildung*, S. 273.

Literaturverzeichnis

Abdel-Rahman, Annett: *Kompetenzorientierung im islamischen Religionsunterricht. Eine Analyse ausgewählter Curricula als Beitrag zur Fachdidaktik des islamischen Religionsunterrichts*, in: Ucar, Bülent / Ceylan, Rauf (Hg.): *Reihe für Osnabrücker Islamstudien*, Bd. 43, Berlin 2022.

Akan Ayyıldız, Fatma, „*Ethik ‚mit Leib und Seele'. Das Konzept Ṭašköprīzādes in seinem Šarḥ al-Aḫlāq al-ʿAḍūdiyya*", in: Alsoufi, Rana / Kurnaz, Serdar/ Sievers, Mira u.a. (Hg.), *Wege zu einer Ethik*, a. a. O., S. 17–52.

Akyol, Bahattin, „*Das ethische Konzept des Wohlergehens (ṣalāḥ) bei al-Māwardī*, in: Alsoufi, Rana/ Kurnaz, Serdar / Sievers, Mira u.a. (Hg.), *Wege zu einer Ethik*, a. a. O., S. 53–84.

Al-Ġazālī, Abū Ḥāmid, *En güzel isimler. El-Maksadu'l-Esnâ fî Şerhi Esmâillahil'-Hüsnâ*, übers. von: Köksal, Asım Cüneyd, Istanbul 2022.

Alsoufi, Rana / Kurnaz, Serdar/ Sievers, Mira u.a. (Hg.), *Wege zu einer Ethik. Neue An sätze aus Theologie und Recht zwischen modernen Herausforderungen und islamischer Tradition*, Baden-Baden 2023.

Az-Zābidī, Zeynuddīn Ahmed b. Ahmed b. ʿAbdullaṭīf, *Sahih Buhari Muhtasarı*, Bd. 8, Istanbul 2019.

Aristoteles, *Nikomachische Ethik*, übers. von: Eugen Rolfes, Leipzig ²1911.

Aslan, Ednan, „*Ethik im Islam*", in: Englert, Rudolf/ Kohler-Spiegel, Helga/ Naurat, Eli sabeth u.a. (Hg.): *Ethisches Lernen*, a. a. O., S. 37–40.

Behr, Hans, „*Menschenbilder im Islam*", in: Rohe, Mathias / Engin Havva / Khorchide Mouhanad u.a. (Hg.), *Handbuch Christentum und Islam in Deutschland. Grundlagen, Erfahrungen und Perspektiven des Zusammenlebens*, Bd. 1, Freiburg i. Br. ³2017, S. 489–529.

Behr, Harry H. „*Islamische Religionspädagogik und Didaktik. Eine zwischenzeitliche Standortbestimmung*", in: Polat, Mizrap / Tosun, Cemal (Hg.): *Islamische Theologie und Religionspädagogik. Islamische Bildung als Erziehung zur Entfaltung des Selbst*, Frankfurt am Main 2010, S. 131–143.

Bischof-Köhler, Doris „*Empathie, Mitgefühl und Grausamkeit. Und wie sie zusammen hängen*", in: *Psychotherapie 14. Jahrg.* 14/1 (2009), S.52–57.

G. Aydin, *Die Signifikanz von (Mit-)Gefühl für die ethische Bildung in der Islamischen Religionspädagogik*, BestMasters,
https://doi.org/10.1007/978-3-658-46770-8

Bischof-Köhler, Doris, *Soziale Entwicklung in Kindheit und Jugend. Bindung, Empathie, Theory of Mind*, Stuttgart 2011.

Bobzin, Hartmut, *Der Koran*, München ^{3}2019.

Brandt, Horst (Hrsg.), *Disziplinen der Philosophie. Ein Kompendium*, Hamburg 2014.

Brillmann- Mahecha, Elfriede / Horster, Detlef, „*Wie entwickelt sich moralisches Wollen? Eine empirische Annäherung*", in: Horster, Detlef / Oelkers, Jürgen (Hg.), *Pädagogik und Ethik*, a. a. O., S. 193–210.

Bucher, Anton, „*Mehr Emotionen und Tugenden als kognitive Stufen*", in: Englert, Rudolf / Kohler-Spiegel, Helga/Naurath, Elisabeth u.a. (Hg.), *Ethisches Lernen*, a.a.O., S. 87–97.

Bundesministerium für Bildung und Forschung, 2003.

Bürig-Heinze, Susanne / Rösener, Christiane/ Schaper, Carolin u.a. (Hg.), *Anforderungssituationen im kompetenzorientierten Religionsunterricht. 20 Beispiele*, Göttingen 2014.

Çağrıcı, Mustafa „*al-īṯār. Îsâr*", in: TDV Islâm Ansiklopedisi, Bd. 22, Istanbul 2000, S. 490–491.

Çağrıcı, Mustafa „*Merhamet (al-marḥama)*", in: TDV Islâm Ansiklopedisi, Bd. 29, Ankara 2004, S. 184–185.

Çağrıcı, Mustafa *Yardımlaşma*, in: TDV Islâm Ansiklopedisi, Bd. 43, Istanbul 2013, S.332–334.

Çaviş, Fatima, *Den Koran verstehen lernen. Perspektiven für die hermeneutisch-theolo gische Grundlegung einer subjektorientierten und kontextorientierten Korandidaktik*, Paderborn 2021.

Damásio, António R., *Descartes Irrtum. Fühlen, Denken und das menschliche Gehirn*, übers. v. Heiner Kober, München/Leipzig ^{2}1996.

Damásio, António R., *Ich fühle, also bin ich. Die Entschlüsselung des Bewusstseins*, übers. v. Heiner Kober, Berlin ^{8}2009.

Demir, Osman, „*al-tasānud. Tesânüd*", in: TDV Islâm Ansiklopedisi, Bd. 40, Istanbul 2011, S. 526–527.

Demir, Osman, „*al-wiğdān. Vicdan*, in: TDV Islâm Ansiklopedisi, Bd. 43, Istanbul 2013, S. 100–102.

Dietz, Hella, „*Martha Nussbaum. Upheavals of Thought. The intelligence of Emotions*", in: Senge, Konstanze / Schützeichel, Rainer (Hg.), *Hauptwerke der Emotionssoziologie*, Wiesbaden 2013, S. 244–248.

Eisenberg, Nancy, „*Emotion, Regulation, and Moral Development*", in: Annual Review of Psychology 51 (2000), S. 665–697.

Elmalılı Muhammed Yazar, *Hak dini kur'an dili*, Bd. 4, Istanbul 2015.

Elmalılı Muhammed Yazar, Hak dini kur'an dili, Bd. 9, Istanbul 2015.

Englert, Rudolf, „*Die verschiedenen Komponenten ethischen Lernens und ihr Zusammen spiel*", in, Englert, Rudolf/ Kohler-Spiegel, Helga/ Naurath, Elisabeth: *Ethisches Lernen*, a.a.O., S. 108–118.

Englert, Rudolf/Kohler-Spiegel, Helga/Naurath, Elisabeth u.a. (Hg.), *Ethisches Lernen. JRP*, Bd. 31, Neukirchen 2015.

El-Fadl, Khaled Abou, „*When Happiness fails. An Islamic perspective*", in: Journal of Law and Religion, Bd. 29, I (2014), S. 109–123.

El-Maaroufi, Asmaa, *Ethik des Mitseins. Grundlinien einer islamisch-theologischen Tie rethik*, Freiburg i. Br. u.a. 2021.

Fārābī, *Ideal Devlet*, übers. v. Ahmet Arslan, Istanbul ^{4}2017.

Frevert, Ute, „Bildung der Gefühle“, in: ZfE 15 (2012), S. 1–10.
Friedlmeier, Wolfgang/Trommsdorff, Gisela, „*Entwicklung von Empathie*“, in: Gertraud Finger u.a. (Hg.), *Frühförderung. Zwischen passionierter Praxis und hilfloser Theorie*, Freiburg i. Br. 1992, S. 138–150.
Fuchs, Monika/Kohler-Spiegel, Helga/ Pirner, Manfred L., „*Emotionen aus religionspä dagogischer Perspektive. Einführung in den Thementeil*, in: Theo-Web 21(2022), S. 1–5. URL: https://www.theo-web.de/fileadmin/user_upload/theo-web/pdfs/21-jahrgang-2022-heft-2/emotionen-aus-religionspaedagogischer-perspektive-einfuehrung-in-den-thementeil.pdf (letzter Zugriff am 27.09.2023).
Giesecke, Wiltrud, *Lebenslanges Lernen und Emotionen. Wirkungen von Emotionen auf Bildungsprozesse aus beziehungstheoretischer Perspektive*, 3. überarb. Aufl., Bielefeld 2016.
Gimaret, Daniel, „*Raḥma*“, in: Encyclopedia of islam, 2. Edition, (30.07.2023) URL: https://referenceworks.brillonline.com/entries/encyclopaedia-of-islam-2/rahmaSIM_6195?s.num=0&s.f.s2_parent=s.f.book.encyclopaedia-of-islam-2&s.q=rahma (letzter Zugriff am 29.09.2023)
Gläser-Zikuda, Michaela/Hofmann, Florian/ Frederking, Volker (Hg.): *Emotionen im Unterricht. Psychologische, pädagogische und fachdidaktische Perspektiven*, Stuttgart 2022.
Gläser-Zikuda, Michaela/Hofman, Florian, „*Emotionen in Schule und Unterricht aus pä dagogischer Sicht*“, in, Gläser-Zikuda, Michaela/Hofmann, Florian/ Frederking, Volker (Hg.): *Emotionen im Unterricht.*, a.a.O., S. 15–30.
Göldi, Susan, *Von der bloobschen Taxonomy zu aktuellen Bildungsstandards. Zur Ent stehungs-und Rezeptionsgeschischte eines pädagogischen Bestsellers*, Bern 2011.
Grom, Bernhard, *Religionspädagogische Psychologie*, 5. überarb. Aufl., Düsseldorf 2000.
Güneș, Merdan, „*Spiritualität bei al-Ġazālī. Der vollkommene Mensch und die Reise zu Allah*“, in: Khory, Raif G. / Çınar, Hüseyin I. (Hg.), *Spiritualität in Religion und Kultur. Judentum-Christentum-Islam*, Mannheim 2014, S. 95–113.
Günther, Sebastian, „*Bildung und Ethik im Islam*“, in: Brunner, Rainer (Hg.), *Islam. Einheit und Vielfalt einer Weltreligion*, Stuttgart 2016, S. 210–237.
Guth, Stephan, „*Barmherzigkeit*“, in: bpb, URL: https://www.bpb.de/kurz-knapp/lexika/islam-lexikon/21336/barmherzigkeit/ (letzter Zugriff am 29.09.2023)
Hajatpour, Reza, *Sufismus und Theologie. Grenze und Grenzüberschreitung in der isla mischen Glaubensdeutung*, Baden-Baden 2018.
Hamburger, Käte, *Das Mitleid*, Stuttgart 1985.
Hochschulrektorenkonferenz (Hg.), Nexus Impulse für die Praxis. Lernergebnisse prak-tisch formulieren (2015), Ausg. 2, S. 2–8.
Hoffmann, Martin L., *Empathy and moral development. Implications for caring and justice*, Cambridge 2007.
Horster, Detlef / Oelkers, Jürgen (Hg.), *Pädagogik und Ethik*, Wiesbaden 2005.
Hößle, Corinna, „*Theorien zur Entwicklung und Förderung moralischer Urteilsfähig-keit*“ , in: Krüger, Dirk/ Vogt, Helmut (Hg.): *Theorien in der biologiedidaktischen Forschung. Ein Handbuch für Lehramtstudenten und Doktoranden*, Heidelberg 2007, S. 197–208.
Ibn Manẓūr, Muḥammad b. Mukarrim Abū Faḍl, *Līsān al-ʿarab*, Bd. 10, Beirut 1993.
Ibn Miskawayh al-Ḫāzin, Abū ʿAlī ʾAḥmad b. Muḥammad b. Yaʿqūb, *Tehzîbu'l-Ahlâk. Ahlâk Eğitimi*, Istanbul ^{2}2017.

İnci, Nuriye, „*Muhâsibi'nin Eserlerinde Vicdanın Kavramsal ve Problematik Zemini*", in: Journal of islamic Research (2022), 33(2), S. 575–595.

Işık, Tuba, *Die tugendethische Kultivierung des Selbst. Impulse aus der Islamischen Bil dungstradition*, in: Karimi, Ahmad Milad (Hrsg.): falsafa. Horizonte islamischer Religionsphilosophie, Bd. 5, Baden-Baden 2022.

Işık, Tuba, „*Ethik und ethische Bildung im Islam*", in: Lindner, Konstantin / Zimmer-mann, Mirjam (Hg.), *Handbuch ethische Bildung*, a. a. O., S.191–196.

Işık, Tuba / Kamcılı-Yıldız, Naciye (Hg.), *Islamische Religionsdidaktik. Ein Leitfaden für Unterricht und Studium*, Paderborn 2023.

Izutsu, Toshihiko, *Ethico-Religious Concepts in the Qurʿān*, London 2002.

Janke, Bettina, „*Entwicklung von Emotion*", in: Hasselhorn, Marcus/ Schneider, Wolf gang (Hg.): *Handbuch der Entwicklungspsychologie*, Göttingen/Bern/Wien u.a. 2007, S. 347–358.

Karaman, Hüseyin, „*İslam ahlakında temel erdemler*", in: Saruhan, Mülfit Selim (Hg.), *Islam Ahlak Esasları ve Felsefesi*, Ankara 2014.

Keller, Monika, „*Moralentwicklung und moralische Sozialisation*", in: Horster, Detlef / Oelkers, Jürgen (Hg.): *Pädagogik und Ethik*, a. a. O., S. 149–172.

Khorchide, Mouhanad, *Islam ist Barmherzigkeit. Grundzüge einer modernen Religion*, Freiburg i. Br. u.a. 2012.

Klafki, Wolfgang, *Neue Studien zur Bildungstheorie und Didaktik. Zeitgemäße Allge meinbildung und kritisch-konstruktive Didaktik*, 6. erw. Aufl., Weinheim 2007.

Kienbaum, Jutta (Hg.), *Die Entwicklung von Mitgefühl. Von der frühen Kindheit bis in das hohe Alter*, Stuttgart 2023.

Kienbaum, Jutta (Hg.), „Begrifflichkeiten", in: Kienbaum, Jutta (Hg.), Die Entwicklung von Mitgefühl, a. a. O., S. 11–18.

Klinkhammer, Julie/ von Salisch, Marie (Hg.), *Emotionale Kompetenz bei Kindern und Jugendlichen. Entwicklung und Folgen*, Stuttgart 2015.

Koffler, Joachim, *Mit-Leid. Geschichte und Problematik eines ethischen Grundwortes*, Echter 2001.

Kohler-Spiegel, Helga, „*Emotionales Lernen im Religionsunterricht*", in: Staufermeister, Jochen (Hrsg.): *Moralpsychologie und Theologie*, MthZ, Bd. 66, Nr.3 (2015), S. 292–302.

Krathwohl, David R. / Bloom, Benjamin S. / Masia, Bertram B. (Hg.), *Taxonomie von Lernzielen im affektiven Bereich*, Weinheim/Basel ^{2}1978.

Lachmann, Rainer u.a. (Hg), *Ethische Schlüsselprobleme. Lebensweltlich-theologisch-didaktisch*, Göttingen 2012.

Laubach, Thomas, „*Zugänge. Grundaspekte der ethischen Reflexion*", in: Hunold, Ger fried W./ Laubach, Thomas/ Greis, Andreas (Hg.), *Theologische Ethik. Ein Werkbuch*, Tübingen 1999, 29–47

Lindner, Konstantin, *Wertebildung im Religionsunterricht. Grundlagen, Herausforderungen und Perspektiven*, Freiburg i. Br. 2017.

Lindner, Konstantin/Zimmermann, Mirjam (Hg.), *Handbuch ethische Bildung. Religi onspädagogische Fokussierungen*, Tübingen 2021.

Malti, Tina/ Buchmann, Marlis, „*Die Entwicklung moralischer Emotionen bei Kinder gartenkindern*, in: *Praxis der Kinderpsychologie und Kinderpsychiatrie*", 59/ 7 (2010), S. 345–372. URL: https://www.its.caltech.edu/~squartz/Tangney.pdf (letzter Zugriff: 03.09.2023)

Meier, Michaela, *Neuropädagogik. Entwurf einer neuropädagogischen Theorie aistheti scher Erziehung und Möglichkeiten ihrer praktischen Umsetzung auf der Grundlage interdisziplinärer Erkenntnisse aus Pädagogik, Psychologie und Hirnforschung*, Marburg 2004.

Maraş, İbrahim: *Türk İslam düşünce tarihinde ahlak ve örnek metinler*, in: Saruhan, Selim (Hg.), *İslam Ahlak Esasları ve Felsefesi*, Ankara 2016, S. 313–353.

Meier, Fritz, *Die Fawā'iḥ al-Kubrā wa-Fawātiḥ al ǧalal des Naǧm ad-dīn al-Kubrā. Eine Darstellung mystischer Erfahrungen im Islam aus der Zeit um 1200 n. Chr.*, hrsg. und erläutert v. Fritz Meier, Wiesbaden 1957.

Mendl, Hans, *Modelle-Vorbilder-Leitfiguren. Lernen an außergewöhnlichen Biografien*, Stuttgart 2015.

Merten, Jörg, *Einführung in die Emotionspsychologie*, Stuttgart 2003.

Ministerium für Schule und Weiterbildung des Landes Nordrhein- Westfalen (Hg.), *Kernlehrplan für die Sekundarstufe I in Nordrhein- Westfalen. Islamischer Religionsunterricht*, Düsseldorf 2014.

Mokrosch, Reinhold: „*Ethische Bildung und Erziehung*", in: Zimmermann, Mirjam/ Lindner, Heike (Hg.): WiReLex, Stuttgart 2016, URL: https://www.bibelwissenschaft.de/wirelex/das-wissenschaftlich-religionspaedagogische-lexikon/wirelex/sachwort/anzeigen/details/ethische-bildung-und-erziehung/ch/73043f7d0060d200100d9ac857d69e37/ (letzter Zugriff: 06.07.2023)

Naurath, Elisabeth, „*Stille und Meditation*", in: Lämmermann, Godwin / Naurath, Elisa beth / Patalong, Uta-Pohl(Hg.), *Arbeitsbuch Religionspädagogik. Ein Begleitbuch für Studium und Praxis*, Gütersloh 2005, S. 296–298.

Naurath, Elisabeth, „*Die emotionale Entwicklung von Beziehungsfähigkeit fördern. Religionspädago gische Ziele in der Begegnung und im Zusammenleben mit Kindern*", in: Bibel und Liturgie, 82/2, Klosterneuburg 2009, S. 107–118.

Naurath, Elisabeth, *Mit Gefühl gegen Gewalt. Mitgefühl als Schlüssel ethischer Bildung in der Religi onspädagogik*, Neukirchen-Vluyn ^{3}2010.

Naurath, Elisabeth, „*Warum der Religionsunterricht für die Werte-Bildung so wichtig ist*", in: *Loccu mer Pelikan. Religionspädagogisches Magazin für Schule und Gemeinde* 1/13 (2013) S. 3–10.

Naurath, Elisabeth, „*Perspektiven einer Praktischen Theologie der Gefühle*", in: Barth, Roderich/Zarnow, Christopher (Hg.), *Theologie der Gefühle*, Berlin/Boston 2015, S.207–224.

Naurath, Elisabeth, „*Emotionale Bildung*", in: WiReLex 2017, URL:https://www.bibelwissenschaft.de/ressourcen/wirelex/8-lernende-lehrende/emotionale-bildung (letzter Zugriff am 10.10.2023).

Naurath, Elisabeth, „*Übertragung, Erhellung, Entwicklung, Kommunikation, Erfahrung. Strategien ethischer Bildung im Religionsunterricht*", in: Lindner, Konstatin / Zimmermann, Mirjam (Hg.): *Handbuch ethische Bildung*, a. a. O., S. 222–235.

Nawawī, *Riyazü's Salihin Tercümesi*, übers. von: Yaşar Kandemir u.a., Istanbul 2007.

Niedersächsisches Kultusministerium: *Kerncurriculum für die Schulformen des Sekund arbereichs I. Schuljahrgänge 5–10. Islamische Religion*, Hannover 2014.

Nunner-Winkler, Gertrud: „*Zum Verständnis von Moral. Entwicklungen in der Kindheit*", in: Horster, Detlef/ Oelkers, Jürgen (Hg.): *Pädagogik und Ethik*, a. a. O., S. 173–191.

Nussbaum, Martha C., *Politische Emotionen. Warum Liebe für Gerechtigkeit wichtig ist*, übers. v. Ilse Utz, Berlin 2014.

Obst, Gabriele, *Kompetenzorientiertes Lehren und Lernen im Religionsunterricht*, 4. überarb. Aufl., Göttingen 2015.

Paulus, Markus „*Die Entstehung von Mitgefühl im Säuglings-und Kleinkindalter*“, in: Jutta Kienbaum (Hg.), *Die Entwicklung von Mitgefühl*, a. a. O., S. 21–44.

Petermann, Franz / Wiedebusch, Silvia, *Emotionale Kompetenz bei Kindern*, 3. überarb. Aufl., Göttingen 2016.

Piaget, Jean, *Nachahmung, Spiel und Traum. Die Entwicklung der Symbolfunktion beim Kinde*, Stuttgart ⁶2009.

Pieper, Annemarie, *Einführung in die Ethik*, Tübingen u.a. 1994.

Pirner, Manfred, „*Emotionen im Religionsunterricht*“, in: Michaela Gläser-Zikuda u.a. (Hg.): *Emotionen im Unterricht*, a. a. O., S.

Polat, Mizrap, „*Spiritualität als die Kompetenz der Verinnerlichung des Religiösen und Moralischen*“, in: Aslan, Ednan (Hg.), *Handbuch Islamische Religionspädagogik*, Göttingen 2022, S. 731–750.

Rāġib al-Iṣfahānī, *al-Mufradāt fī ġarīb al-qurʿān*, Beirut u.a. 2014.

Rāġib al-Iṣfahānī, *Müfredat. Kur'an kavramları sözlüğü*, übers. von: Abdulbaki Güneṣ u.a., Istanbul ³2012.

Raşit, Küçük, „ *Islam kültüründe Sevgi için kullanılan kavramlar*“, in: Bulut, Mehmet, *Islam ahlakı ve sevgi*, Ankara 2007, S.

Regenbogen, Arnim/ Meyer, Uwe (Hg.), *Wörterbuch der philosophischen Begriffe*, Ham burg 2020.

Roth, Andrea, „*Lehrplananalyse*“ in: Manfred L. Pirner/ Martin Rothgangel (Hg.), *Em pirisch forschen in der Religionspädagogik. Ein Studienbuch für Studierende und Lehrkräfte*, Stuttgart 2018.

Rothgangel, Martin, „*Alltag und Evangelium im Kontext einer subjekt-und lebensweltori entierten Religionspädagogik. Zwölf Thesen zur Diskussion*“, in: Theo-Web-Wissenschaft, URL: https://www.theo-web.de/zeitschrift/ausgabe-2003-01/rothga.pdf (letzter Zugriff am 28.10.2023).

Rothgangel, Martin, „*Ethische Bildung mit oder ohne Religion? Der Beitrag des schulischen Religions unterrichts zu ethischer Bildung*“, in: Lindner, Konstantin/ Zimmermann, Mirjam (Hg.), *Handbuch ethische Bildung*, a. a. O., S.

Sarıkaya, Yaşar / Bäumer, Franz-Josef, *Aufbruch zu neuen Ufern. Aufgaben, Problemla gen und Profile einer Islamischen Religionspädagogik im europäischen Kontext*, Münster/New York 2017.

Sarıkaya, Yaşar, „*Folge nicht dem, wovon du kein Wissen hast (Koran 17/36). Islamisch theologische Grundlagen der Erziehung zur religiösen Mündigkeit*“ in: Sarıkaya, Yaşar / Bäumer, Franz-Josef, *Aufbruch zu neuen Ufern*, a. a. O., S.

Schelander, Robert: *Bildung*, in: Schimmel u.a. (Hg.): *Strukturbegriffe der Religionspädagogik. Festgabe für Werner Simon zum 65. Geburtstag*, Bad Heilbrunn 2015.

Scherer, Klaus, „*Emotion*“, in: Stroebe, Wolfgang/ Hewstone, Miles/ Stephenson, Geoffrey (Hg.): *Sozialpsychologie. Eine Einführung*, 3. überarb. Auflage, Berlin/Heidelberg 1997, S.

Schnabel, Annette, „*Antonio Damasio. Decarte's Irrtum*, in: Senge, Konstanze / Schützeichel, Rainer (Hg.), *Hauptwerke der Emotionssoziologie*, a. a. O., S. 80–84.

Schockenhoff, Eberhard, *Grundlegung der Ethik. Ein theologischer Entwurf*, Freiburg i. Br. 2007.

Schönecker, Dieter, „*Imperativ. Kategorischer*“, in: Willaschek, Marcus / Stolzenberg, Jürgen / Mohr, Georg u.a.(Hg.), *Kant-Lexikon,* Bd. 1, Berlin/Boston 2015, S.

Schwyzer, Isabella/ Malti, Tina: „Kognition, *Emotion, Verhalten. Entwicklung von Werthaltungen*“, in: Lindner, Konstatin/ Zimmermann, Mirjam (Hg.): *Handbuch ethische Bildung,* a.a.O., S.

Seichter, Sabine, „*Pädagogische Beziehungsformen*“, in: Wulf, Cristoph u.a. (Hg.), *Handbuch Pädagogische Anthropologie,* Wiesbaden 2014, S.

Senge, Konstanze / Schützeichel, Rainer (Hg.), *Hauptwerke der Emotionssoziologie*, Wiesbaden 2013.

Senge, Konstanze „*Die Wiederentdeckung der Gefühle. Zur Einleitung*“, in: Senge, Konstanze / Schützeichel, Rainer (Hg.), *Hauptwerke der Emotionssoziologie*, a. a. O., S. 11–32.

Siegler, Robert / Saffran, Jenny R. / Gershoff, Elizabeth T. u. a. (Hg.), *Entwicklungspsy chologie im Kindes-und Jugendalter. (Deutsche Auflage unter Mitarbeit von Sabina Pauen),* Berlin / Heidelber ^{5}2021.

Stachel, Günther / Mieth, Dietmar, *Ethisch handeln lernen. Zur Konzeption und Inhalt ethischer Erziehung*, Zürich 1978.

Stahl, Marion „*Vulnerabilität und politische Emotionen. Phänomenologische und ethi sche Reflexion*“, in: Alexander Nikolai Wendt (Hg.), *Emotionalität und Intersubjektivität im interdisziplinären phänomenologischen Diskurs*, Heidelberg 2021

Takım, Abdullah, „*Grundlegung einer Islamischen Religionspädagogik im europäischen Kont*ext, in: Sarıkaya, Yaşar/ Bäumer, Franz-Josef: *Aufbruch zu neuen Ufern*, a.a.O., S.

Tangey, June/ Stuewig, Jeff/ Mashek, Debra, *Moral emotions and moral behavior*, in: Annual review of Psychology (2007), URL: https://www.its.caltech.edu/~squartz/Tangney.pdf (letzter Zugriff: 03.09.2023).

Teschmer, Caroline, *Mitgefühl als Weg zur Werte-Bildung. Elementarpädagogische For schung zur Beziehungsfähigkeit als emotional-soziale Kompetenzentwicklung im Kontext religiöser Bildungsprozesse*, Göttingen 2014.

Tirmiḏī, *Sunan, Kitāb ṣifa al-qiyāma wa ar-rāʾiq, Bāb* 33, Hadith Nr. 2544. URL:https://arc hive.org/details/waq70110/page/n555/mode/2up (letzter Zugriff am 03.10.2023)

Toksarı, Ali, „*Birr*“, in: TDV Islâm Ansiklopedisi, Bd. 6, Istanbul 1992

Topalovic, Said, *Der kompetenzorientierte Unterricht. Bausteine zur Entwicklung einer Didaktik für den islamischen Religionsunterricht*, Hikma (10), Göttingen 2019, S.

Trautner, Hanns Martin, *Lehrbuch der Entwicklungspsychologie*, Bd. 2, Göttingen u.a. ^{2}1997.

Uludağ, Süleyman, „*Muhabbet (al-muḥabba)*“, in: TDV Islam Ansiklopedisi, 30. Bd. Ankara 2020.

Vogel, Daniela, *Kognitive und soziale Kompetenz im Arztberuf. Ein Blick auf Erwerbs-und Erfassungsprozesse mit besonderem Fokus auf Empathie*, Wiesbaden 2019.

Von Salisch, Maria, *Emotionale Kompetenz entwickeln. Grundlagen in Kindheit und Ju gend*, Stuttgart 2002.

Wagner, Falk, „Art. *Mitleid*“, In: Tre 23, Berlin/New York 1994, S. 105–110.

Walzer, Richard/ Gibb, Hamilton, „*Art. Akhlaq*“, in: Bearman, Peri u.a. (Hg.), *Encyclo pedia of Islam*, Leiden ^{2}2012, S.

Weber, Barbara, *Vernunft, Mitgefühl und Körperlichkeit. Eine phänomenologische Re konstruktion des politischen Raumes*, München 2013

Wehr, Hans, *Arabisches Wörterbuch für die Schriftsprache der Gegenwart*, Wiesbaden 2009.

Weinert, Franz: *Leistungsmessung in Schulen*, Weinheim/Basel 2001.

Yaḥyāʾ ibn ʿAdī, *Tehzîb'ül Ahlâk. Ahlâk eğitimi*, übers. von: Harun Kuşlu, Istanbul 2013.